《龍の御使い》

ドラゴンライダー

龍神からの「光次元」メッセージ

曽根史代（龍依〜Roy）

ヒカルランド

水面に光がキラキラすることからもわかるように水は光
人間も光。光とは龍脈。龍脈は水脈

人心（心・体・魂）を清めることは、
龍体（日本）を清めること

日本とは世界の縮図
だから龍体を清めることは地球を清めること

光は情報。光の中に精霊は生きる――

強い願いは大切
でもどのような強さかということが、もっとも大切

強くて重い願いではなく、
強くて軽い願いが一番
軽やかに心を込めて、
笑顔が溢《あふ》れている状態を強く思い描く

その後は手放す

心の軽やかさは光の通り道——

次のステージに向かう

龍神の背に乗る者（ドラゴンライダー）と、乗らぬ者がいる
龍の背に乗ることを選ぶ者が、『神聖さを選ぶ者』

龍神の国、日本
まさに今！
天地からの大いなるエネルギーを受け、
龍の縁を持つ者達が動き出そうとしている

清く　心と体と魂を 清く　光と植物を糧《かて》に 新たなる世界に向かって移行を完了する
そなたらの魂が、再生し、浄化し、そして昇華する
白金の光の世界へ向かう
信頼と変容、そして統合の時代――

はじめに　ドラゴンライダー（龍の御使い）が学んできた宇宙の真理
～未来世と過去世を魂の視点で同時に見て「今」わかること～

コンニチハ。

僕はドラゴンライダー。

名前は龍依（Roy《ロイ》）といいます。

あなたが住んでいる世界とは少しだけ違う世界に住んでいます。

でもね、僕は、あなたの世界のことはよく知っているのです。

なぜなら、何度か生まれ変わりを繰り返した後の僕が、あなたと同じ時代に生きているからです。

つまり、あなたと同じ時代を生きる僕と、あなたから見て過去の時代に生きる僕（今あなたに語っている僕）が同時に存在しているのです。混乱させてしまうかな？

あなたは魂の存在を信じますか？

肉体は借り物で、魂こそが人間の本質だという考え方がありますよね。
肉体はいつか手放すときが来ますが、魂は永遠に続きます。
つまり、今の人生が終わっても、次の人生があなたを待っていて、今の人生の前には、前の人生もあったということです。それを輪廻転生といいます。

いかがでしょうか？

僕は魂の存在を知っています。
なぜって、さっきもお話ししたとおり、僕は未来の自分の体を借りて、この本を書いているからです。僕の魂が続いている証拠です。

そして、それは地球上だけで続くわけではありません。

例えば、僕の場合、ドラゴンと共生する世界でドラゴンライダーをしていたときがあれば、大きな宇宙船で働く青年だったときもありました。

もちろん、地球上で生まれ変わったこともあります。

伝説の大陸と呼ばれるところ（アトランティスやレムリア、ムーと呼ばれる大陸を聞いたことがあるでしょうか？）で生を受けたときもありました。

生まれ変わったのは、人間だけではありません。今では伝説の生き物と言われている龍だったときの人生もありました。まるで御伽噺《おとぎばなし》の世界のようだと思われるかもしれませんが、そんな過去世がいくつもあります。

これは、僕に限ったことではないのです。

今のあなたの人生も、数多くの前の人生（＝過去世）のお話の続きなのです。

過去世と言いましたが、あなたと同じ時代に生きる今の僕（＝現世の僕）は、ドラゴンライダーである僕のことを、もしかしたら未来世かもしれない、と思っていたようです。なぜなら、ドラゴンライダーである僕の魂が、現世の僕よりも精神性が高く、より進化した魂だと感じるからです。

未来世なんて変だと思いますか？

「まだ起きていないから未来なのに。未来の自分がすでに存在しているなんて！」って。

確かに〝**未来**〟といえば、〝**まだ起きていないこと**〟や〝**これから起きること**〟を指しますが、それは**時間という概念があるときの考え方**なのです。

今あなたが生きているのは、一般的に三次元の世界と言われています。

三次元の世界は時間の概念がある世界ですが、もっと次元の高い世界になると時間の概念はなく、すべてが同時に起こっているのです。

つまり〝**今この本を読んでくださっているあなた**〟も〝**この本を読み終えた後のあなた**〟も、**同時に存在**しているのです。

少し分かりづらいかもしれません。でも分からなくても大丈夫です。

むしろ分からなくて当然なのです。**次元が違うということは、視点が違う**のですから。

どういうことなのか、もう少し詳しく確認していきましょう。


自分が蟻《あり》になったことを想像してみてください。

さあ、想像してもらえましたか？　では、蟻の気分で更に想像していきましょう。


『蟻であるあなたの目の前に、大きな湖が見えてきました。

今まではなかったはずなのに、いつの間に現れたのでしょう。

これではお家に帰れません。

回り道をしたくても左は断崖絶壁が天までも続いているような山です。

右を見るとこちらにも大きな山があります。

更にその右を見ると小さな山が続いています。

小さな山の右側には、また湖が見えます。

あなたは小さな山を登っていくのが一番の近道だと判断して、その山を一生懸命登っていきました。どれくらい時間がかかったでしょうか。

ようやく見晴らしの良い山の頂上に来たあなたは、大きなショックを受けました。

なんと！　山の向こうに、また湖が広がっているではありませんか！』


では今度は、人間に戻ってみましょう。蟻と違って上から見ています。


『昨夜の雨で、ビルの壁の脇に大きな水たまりができたようです。

水たまりの上には、二つの石が転がっています。

大きい方は、水たまりの上に橋のように架かっていて、それを踏んでいけば靴を濡らさずに済みそうです。きっと誰かが気を利かせて置いてくれたのでしょう。

小さい方もそのつもりで置いたようですが、深い場所だったのか、半分沈んでしまって役立ちそうにありません。

あなたは迷わず、大きい石を踏んで向こうに渡りました』

蟻と人間の視点では状況も判断もまったく違います。

高い視点から見ると簡単に分かることでも蟻の視点で見ると分かりません。

それだけでなく、蟻は人間の視点があるということさえ気がついていないかもしれません。

この違いが三次元の世界ともっと次元の高い世界との視点の違いだと思ってください。


なんだかよく分からないと思っても、視点が変わると「なあんだ、そんなことか」と感じることってあると思います。コロンブスが卵を立ててみせたようなものです。

だから難しく考えず「ああ、そんなこともあるのかな」と気楽に考えてみていただきたいなと思います。


これまでの地球は長い間、自分たちの**肉体の視点**で物事を見ていました。

これからは**魂の視点から物事を見る時代**になってきたと、僕は思っています。

なぜなら現世の僕はセラピストで、施療を受けてくださる方々は自分の別の生を体験されることで、人生をより輝かせておられるからです。

自分の別の生とは「魂が経験した履歴」と言いかえることもできます。


過去世にせよ、未来世にせよ、不思議な世界での人生にせよ、自分の別の生を体験されると、それが今の人生に与えている影響を知ることができます。

そして、もし癒しが必要であれば癒したり、気づきや学びを得たりして今の人生を生きる意味を見いだしていかれます。長年の体調の悩みを改善される方もいらっしゃいます。

魂の視点から物事をみたとき、僕たちには本当に多くの学びがあり、それを生かすことで人生を輝かせることができます。

地球、そして僕たちは今大きな変換点にいます。

魂の視点から学び、それを生かすことは、大きな変容の時代を生きる僕たちにとって、とても大切なことだと僕は感じています。

そのことをあなたにお伝えしたくて、この本では、こんなことをお話ししようと思います。

「僕がドラゴンライダーとしての人生を生きたときの出来事」

「実際に過去世を体験された方のお話」

「現世の僕が体験した不思議な出来事」

すべて魂の視点から見たお話です。
もしかしたら御伽噺のように感じるかもしれません。

でもファンタジーの世界は
いつもそこに真実の光を放っていることを、あなたは知っているでしょう？

僕はこの本に、ドラゴンの光の魔法をかけました。

その魔法によって、この本は
この本を必要とされているあなたのもとに届くことになっていて
読み進める中で、あなたに必要な真実の光をキャッチしたときには
あなたの心をときめかせてくれます。

魂の視点とは光次元の視点です。**光次元とは、五次元以上のキラキラと輝きを放つ次元です。**

ファンタジーが放つ真実の光を知っているあなたに、光次元のファンタジーもご用意させて頂きました（巻末絵本：ドラゴンライダー〜龍の玉をもつもの）。理屈ではなくハートでお読み頂くと、潜在意識はあなたの深い過去の記憶を呼び起こし、あなたの心・体・魂を癒していくでしょう。

もしあなたに、お子さんがいらっしゃるなら、一緒に読まれると、お子さんはすぐに光次元の世界を思い出し、お子さんからたくさんの気づきを贈られることでしょう。

ドラゴンの世界から親愛なるあなたへ贈ります。

この本から何かを感じ取っていただけたら、これほど嬉しいことはありません。

あなたの真実が見つかりますように☆

目次

装丁／本文図解イラスト　曽根史代（STUDIO FUMI）
装画／絵本イラスト　A－sa
校正　麦秋アートセンター
本文仮名書体　文麗仮名（キャップス）

Part 1

闇を光に還す唯一最速の方法／光と植物を最大限に活用して霊的成長を加速させる

1　ドラゴンの世界にも調和を乱す闇は存在していた

超古代と呼ばれる時代の地球には、現代とは違う形の大陸が存在していました。今、それらは海底に沈んだ伝説の大陸として、アトランティス、ムー、そしてレムリアと呼ばれています。その時代の中でも、ずっと深く時代をさかのぼり、ずっと軽やかに次元をのぼったところに、緑深く、ドラゴンや精霊がたくさんいる森がありました。僕はそこに住んでいました。

相棒は真っ白なドラゴン。僕はドラゴンライダーとして、ドラゴンと一緒に光を扱う役目を持っていました。分かりやすくいうと、ドラゴンに乗ってその世界をパトロールして、光を使って場を清めたり、人や動植物を癒したりする役目です。仲間達もいました。

ドラゴンは、とても気高く清らかな存在でした。そして、その清らかさで世界を守護していました。だからドラゴンは、長い間その世界の象徴的存在でもあったのです。

ドラゴンの世界の精神文明は現代の地球のそれよりも高く、人々は基本的に穏やかで牧歌的に暮らし、ドラゴンや精霊の生態を脅かすことなく生活していました。
科学はずっと進歩していました。
地上にある人工物は必要最小限の建物（基本的にドーム型をしていました）のみでした。

ドラゴンと共生するための基地的な施設は地下に作られていましたが、それは人々を取り締まったりドラゴンを管理するようなものとは違い、不慮の出来事から護ったり生態系を敬ってその維持・研究をしたりするためのものでした。施設の中は外の緑深い世界と大きく異なり、今の地球の科学では決して作れないような高度な機器類が並んでいました。

また神殿は空中にありました。とても美しく心安らぐ神殿で、透き通った白を基調とした柱や建物には光が反射して、いつも虹色に輝いていました。僕も好んでよく訪れました。そこにいらっしゃる神官のような方は、厳しいところもありましたが、懐が大きく深く、愛情深い方でその世界を導く存在の一人でもありました。僕にとっても親代わりのような方でした。

今の地球と決定的に違うのは、地下施設も空中神殿も物質ではないという点です。高く微細な高次元（光次元）の波動を持っていて、今の地球でいうと目に見えない状態で存在していました。だからその施設が存在することで公害が起きたり、生態系を崩してしまったりするような心配はありませんでした。

このように平和な世界でしたが、世界の調和を乱すような闇も存在していました。その闇の成長がドラゴンライダー達のパトロールでは追いつかなくなってきたとき、この世界の統治機構は、ある会議を持ち、対策のためのキーワードを導き出しました。

2　光と植物が、あなたの人心（心・体・魂）を清める

そのキーワードとは『**光と植物**』でした。

これらを最大限に活用することが唯一、闇を光に還す方法だというのです。

闇といっても大悪党がいたとか犯罪があるとか、そういうことではありません。

もっとエネルギー的なものとして捉えられ『**闇は人間の心が生み出すもの。だから人心を清めることが何よりも大切**』とされていました。

〝**人心**〟といっても、人の心だけを指しているのではありません。体、そして魂も、です。

『**心・体・魂、この三つが清められて初めて闇は光に還る**』とされていました。

たとえ悪の心はなくとも、弱い心、おびえる心、怒りの心、悲しみの心、妬みの心、自分を責める心など、エネルギーを沈ませるものが体に影響を与え（病気やケガ）、魂にも影響を与えます。そういったことが世界の調和を崩すもとになっていたのです。

つまり『**一人ひとりの更なる霊的成長なくして、世界の調和は保てない**』ということです。

そして霊的成長を促すものが、『**光と植物**』だったのです。

3　ドラゴンの世界も原点に還って光と植物の力を見直した

統治機構は、光を扱う役割を持つドラゴンライダーである僕を呼び、植物の研究機関に出向させました。そこでは、植物の周波数や種によるエネルギーの違い、それがもたらす影響など、現代の研究とは一味違う研究が行われていました。僕の任務は光と植物の力の相乗効果を最大限に発揮させる方法と最も良い広め方を導き出すということでした。

植物の研究機関には、植物をよく知る専門家がいました。僕もドラゴンライダーですから光の専門家です。植物の専門家と光の専門家同士の知恵を寄せ合わせて、最も良い方法を検討させようとしたのです。

余談ですが、当時の僕には「光のことは学ばなくてもすべて知っている」という感覚がありました。現世の僕も光の使い方は得意で、光を使うために何かを考えて行うということはありません。過去世の記憶のせいなのかもしれません。僕と同じような感覚が残っている人は、やはりドラゴンライダーだったか、あるいは別の世界で光を扱う役割をしていらっしゃったのではないでしょうか。

同じように、植物のことをとてもよく知る方は、ドラゴンの世界で植物の研究機関にいらっしゃったかもしれませんね。

話を元に戻しましょう。

ドラゴンの世界では、光と植物の大切さはもともと知られていたことです。

だからこそ、光を活用するドラゴンライダーや植物についての高度な研究者である人々が昔から存在し、それぞれの専門性を発揮して世界を護る役割を担っていました。

今の地球でも、『昔からの教えがいつしか風化し、今の時代に改めてその素晴らしさが認識される』ということがあるように、ドラゴンの世界でも、光と植物の力が改めて見直された時期だったというわけです。

4　ドラゴンの世界と龍の国・日本には大きな共通点がある

ドラゴンの世界と日本とは共通点があることを知っていますか？

日本列島を地図で見ると龍の姿をしていることに気がつくと思います。

そう、日本は龍神の国なのです。ドラゴンも龍も多少姿が違えども、龍の種族※であることには変わりありません。

だからドラゴンの世界と日本には、「龍の種族が象徴的な存在となっている」という共通点があるのです。

もしあなたが、龍やドラゴンが気になっていたり、龍やドラゴンの小物をつい買ってしまったりするようなら、それは偶然ではなく、きっとあなたも龍の種族と深い縁があるに違いありません。あるいは龍の種族の出身かもしれません。

※龍の種族：ドラゴンや龍だけでなく、人魚やペガサス、ユニコーンなども龍の種族です。

5　龍神が教える光と水と日本の特別な役割

龍神もちろん、ドラゴン同様、光の役目を担っています。現世の僕も、龍神※たちから光についての様々な情報をこれまでに得ているので、それをご紹介したいと思います。

※龍神：光次元の存在です。現世の僕は龍神と縁が深く、特に白金龍神（プラチナドラゴン）から色々なメッセージを受け取っています。

龍神は言います。


「水面に光がキラキラすることからもわかるように水は光。

人間も光。光とは龍脈。龍脈は水脈。

人心（心・体・魂）を清めることは、龍体（日本）を清めること。

日本とは世界の縮図。だから龍体を清めることは地球を清めること」


意味を少しずつ確認していきましょう。

人体の約65％は水でできていると言われています（年齢や性別によって差があるそうです）。

つまり、人間は水の存在といってもよいでしょう。

そして龍神曰く、水は光でもある。だから人間は光でもあるのです。

ドラゴンライダーが光を扱う役目を持っているといっても、ドラゴンライダーに限らず、すべての人は光の存在であり本来、光を扱うことができます。

ただ、絵を描くのが得意な人や運動が得意な人、リーダーシップをとるのが上手な人などがいるように光を扱うのが得意な人たちもいるということです。

「光とは龍脈。龍脈は水脈」と続く言葉の意味を知るには、まず高い空から見た日本列島を思い浮かべてみてください。まるで龍の姿をしているようですが、そのことから日本列島は龍体（龍の体）であると言われています。

また日本は世界の縮図であり、日本で起こることは世界で起こるとも言われています。

つまり、龍神のメッセージの意味はこういうことです。

「龍の形をした日本列島も光のラインで結ばれている。だから光の存在である人間の心（魂）を清めれば、同じ光の存在である日本列島も清められる。そして、日本は世界の縮図であるので、日本列島が清まれば世界も清まる」

光はドラゴンの世界だけでなく、今の地球でも重要なキーワードだということがわかります。龍神は、ほかにこういうことも言っています。

「光は情報。光の中に精霊は生きる」

精霊とは光の中の意識体で、精霊からあらゆる有益な情報がもたらされます。

現世の僕も、光や精霊から教わる情報で個人セッションをさせていただいています。

以前出版させていただいた本も、**光次元**に生きる精霊に教えてもらったことを書いた本でした。

だから本のタイトルは『超直感力の目覚め 流 **光次元**リーディング』。

セッションは、『**光次元**セッション』です。

有名なアカシックレコード※というものも光からの情報だと僕は感じています。

※アカシックレコード：宇宙のすべての出来事を予め記録しているとされる記憶の貯蔵庫のようなもの。

6　光は光らしく輝くこと、それがあなたらしく生きるコツ

人間は光だとすでにお話ししましたが、僕が光次元のビジョンを見るときも、生命のあるところにはすべて光の粒子と光の波があるのが見えます。

生命そのものが光の存在なのです。

光は輝くものです。暗く沈んでいては光とはいえません。

だから**光の存在である僕たちは清らかに輝くのが本来の姿**なのです。

光は光らしく輝くこと。

それが、あなたがあなたらしくあることのコツです。

あなたはあなたの光を輝かせていますか?

輝きに大切なのは、**〝今をいかに清らかに生きるか〟**です。そのためには光が必要です。

光には光、なのです。

人間ですから落ち込むときもあります。そういうときは輝いているとはいえないかもしれません。でも大丈夫。そんなときにこそ光の出番です。

7 光を活用して、過去世、未来世の情報などを受け取る

僕の著書『超直感力の目覚め 流 光次元リーディング』でも、太陽の光を感じて自分の振動数を高めること（振動数を高める＝光を輝かせることと同じだと思ってください）を書かせて頂きました。

太陽だけではありません。自然の光には大きなエネルギーがあります。

月の光も意識を持ち、素晴らしいエネルギーを地上に届けてくれています。

ですから光を浴びるということをぜひ行っていただきたいと思います（もちろん日焼けには注意してくださいね）。

また光の情報は、心の状態や過去世や未来世、亡くなった方の情報も届けてくれます。

僕もその情報をもとにヒーリングやリーディングをさせていただいているのですが、過去世は本当に大事な情報として届けられます。

もちろん大切なのは『今』です。

『今この瞬間を満喫すること』が最も大切なことです。

でも、あなたの過去世が、現世のあなたの生き方に影響を与えているとしたらどうでしょうか？　しかもそれがあまり嬉しくない影響だとしたら？

僕たちの大多数が、これまでに多くの過去世を生きてきました。

その中には辛い出来事があったかもしれません。大きな憤りや怒りを抱えたこともあったかもしれません。自分を否定するような人生だったかもしれません。

過去の体験が魂に与えた影響があまりに大きなものだった場合、僕たちは、それを次の人生に持ち越してしまうことがあるのです。

コラム：魂を開く月光浴イメージング（月の光の瞑想ワーク）

瞑想の方法はいくつもありますが、今からご紹介するのはあなたの直感力（直観力）を高め、月のエネルギーを心・体・魂に浸透させていく、とてもパワフルな方法です。今、月のエネルギーはこれまでに増して純度が高く、強くなっています。それは、**あなたの魂から不要なものを剝《は》がし、不安やおそれや心配事から魂を解放していく**ことを助けてくれます。そして**純度を増したあなたに、月の叡智が純度の高いまま流れ込んでいきます**。「純度の高いまま」というのは、とても大切です。**どんな叡智《えいち》も、魂の解放が進んでこその叡智**です。

どのような場合も、**これらのプロセスにより、振動数が高まり、あなたの魂が開いていきます**。そのための方法の一つとして、この瞑想を試してみませんか。

① 感じる　※P38図解イラスト参照

まず月の光を見上げて、大きく深呼吸していきます。鼻から大きく息を吸って、数秒止めて、口から大きく吐きます。吐く息で不要な力をすべて手放していきます。2〜3度行ったあと、静かに呼吸をしていきましょう。そして月の光から感じることを感じるままに受け取っていきます。それが月のエネルギーです。

② イメージする

月のエネルギーがあなたに届いているのを感じながら、静かに目を閉じ、スポットライトのようにまっすぐ、あなたに届いている光をイメージしていきましょう。アロマトリートメントや光によるヒーリングセッションを受けたときのように隅々までエネルギーが届き、細胞を目覚めさせていく感覚です。光がグングン浸透していく様子をイメージします。

③ 感謝する

月のエネルギーで十分に満たされたと思ったら、月に感謝を伝えましょう。「いつもありがとうございます。」あなたのハートからありがとうのエネルギーを月に届けましょう。静かに目を開けていきます。

① 感じる

今夜の月は
一段と綺麗！
心に澄み渡りそう～

② イメージする

奥深くまで浸透して
細胞が目覚めてるよ

③ 感謝する

いつもありがとう！
魂が開いたよ☆

「感じる」ということが初めての方へ

例えば、満月の光は、どんな光だと感じますか？

「柔らかい？　強い？　繊細？」

色によっても違いを感じますか？

「なつかしい？　愛おしい？　安らぎを感じる？」

エネルギーはどうでしょう？

「包まれる感じ？　心地よい？　優しい？」

実際に月を見上げてみて、あなたのハートがどう答えているか。どう反応したか。また、瞑想後には、どんな気持ちがしているか。そんなことを感じてみましょう。

「スッキリとした気分？　爽やかな気分？　優しい気持ちになる？　前向きになる？」

それでも月の光を「感じる」ことが難しいときには、次の例を参考にしてください。慣れてきたら、自分が感じるままにそのエネルギーを受け取られることをおすすめします。

◆白く吸い込まれそうな光のとき
大きな浄化のエネルギーが、あなたに降りています。手放したい想いや癒しが必要な部位など、月の光で溶かしてもらいましょう。

◆黄色く輝いているとき
変容、変化のエネルギーです。あなたはあなたらしく、何かをスタートさせたり、やり直したり、目標に向けて力強く宣言したり、そういった活力のエネルギーを受け取っていきます。

◆赤みがかった黄色のとき

月とあなたと地球を繋《つな》ぐエネルギーが流れ込んでいます。あなたの中心軸がバランスよく整えられて安定感をもたらしてくれるでしょう。

◆新月のとき

あなたの細胞をフラットにするエネルギーです。どのようなものも受け入れる準備が整えられていきます。強く願う何かを引き寄せることができます。エネルギーが浸透したら、その願いがすでに叶ったところを思い描き、その感情をありありと感じていきましょう。

◆満月のとき

必要なものが満ち、不要なものは手放されていきます。とても穏やかに、パワフルにエネルギーが整えられ、月からあなたへ真実が届けられます。「ゆだねて受け取る」ことを知っていきましょう。満月を感じると宇宙を感じることができます。宇宙と満月の光とあなたが一つになるのを感じていきましょう。

新月や三日月のときは、月が目に見える部分がない、または少ないので、感じにくいかもしれませんが、実際は、月はいつもそこにあり、光は地上に届いています。目に見えていない月の光も感じながら、月に意識を向けて魂を開くプロセスを体感していきましょう。

8　光次元に繫がり過去世を癒すと「今」が輝き出す

過去の体験を次の人生に持ち越したわかりやすい例は、○○恐怖症です。

例えば高所恐怖症の方は、高い所から落ちて亡くなった過去世を持っていたり、水が怖い方は、溺《おぼ》れて怖い思いをした過去世を持っていたりするのです。


心の癖として影響を受けている場合もあります。

例えば、理不尽な命令をする主人に仕えた人生があったとします。

自分の気に入らないことがあると側近であろうが即処罰するような主人です。

あなたは怖くて自分の意見が言えず、いつも主人の言いなりになって難を逃れていました。

でもある日のこと、主人の虫の居所が悪かったのか、何の非もないあなたはあっさりと殺されてしまいました。


このような人生を送った場合、現世でも自分の意見を言うのが怖かったり、感情で怒っているような人を見ると震えてしまったりという場合があります。

あるいは自分を否定され続けた過去世を経験していたら、今世では自己肯定感を持てないという心の癖を持ってしまう場合もあるでしょう。


過去世だけでなく今世の過去の影響を受けている場合ももちろんあります。

幼い頃に体験したことが大人になっても影響してしまう例です。

でも、このような**過去の体験は、すべて癒すことができます。**

癒すとは、**怖い思いや心の癖を手放して、自由なあなたになる、**ということです。

自由になると、今のあなたが輝きます。

外の情報や環境に振り回されることなく、今のあなたが、あなたらしく輝くことができるのです。

魂の視点（光次元）からみると、心の癖の原因は一目瞭然です。

でも**肉体の視点からみると、心の癖の多くは原因不明**です。

過去世の記憶がなければ、どうしてそんなふうに感じるのかわかるはずもありません。

この原因不明の癖は、人心（心・体・魂）を曇らせる原因の一つとなっています。

だからドラゴンの世界でも光を最大限に活用して光によるヒーリングを行ったり、光の情報を得て過去世を癒し、その人の魂を解放させるというヒーリングを行ったりして人心（心・体・魂）を清め、人々の霊的成長を促していたのです。

コラム：光次元と繋がると奇跡はふつうに起こる

光の情報が、どのようにして人心（心・体・魂）を清めるのか、もう少しお話しさせていただきます。

◎重度の筋硬直が改善したというMさん（50代／女性）の例

現世の僕のスタジオに初めていらっしゃった時、Mさんには、左半身に筋硬直がありました。心の苦しさから体に影響が表れていたようでした。Mさんはいくつかのセッションによって過去世と向き合っていかれました。心と体の苦しさが解放され、今の家族とのさまざまな繋がりをも紐解くことができ、ペットロス症候群も改善できたとおっしゃいます。長年Mさんを悩ませた筋硬直は、今はもうありません。

（Mさんのセッション前のアンケートより抜粋）

飼っていた犬が死んだあと、家族間の問題に対処できなくなり、精神科で処方された精神安定剤（アルプラゾラム）や睡眠導入剤（ブロチゾラム）を飲むようになりました。5年後に断薬を決心しましたが、2か月間は激しい禁断症状がでました。その後は重度の筋硬直が続きました。自分では解放できないものを解放して楽になりたいと思いました。

Mさんは最初に、ヒプノセラピー※を体験されました。その後ヨガのレッスン（現世の僕のスタジオでは、瞑想系のヨガのレッスンで、心、体、魂を整えます）を始められ、アロマトリートメントや、光次元の情報をお伝えする光次元セッションも体験されました。

※ヒプノセラピー：日本語に訳すと催眠療法。セラピストの催眠誘導により、クライアントを潜在意識が開いた状態に導き、過去世などをクライアント本人が体験していく。ヒプノセラピーや潜在意識などについては僕のスタジオのホームページに詳しく書いていますのでよろしければ、そちらをご覧になってみてください（http://www.hypnostudio.net/　または「ヒプノスタジオ　クリスタルハート」で検索）。

最初のヒプノセラピーセッションで、Mさんの潜在意識は、長い間繰り返してきた魂のテーマに出会いました。当時の主流の考えや強権的な教え、権力によって非難され、自分の信じる道を阻まれ、命を奪われた過去世でした。この記憶が、Mさんの現代の魂を萎縮させていました。また、高い所から飛び降りて亡くなっていたので、それが恐怖となって魂が記憶していました。Mさんは、このときのご感想を次のように教えてくれています。

セッションを受ける前は、夜ベッドに入ると胸のあたりがとても重く苦しくて、息をするのが大変でした。セッションを受けたあとは、胸のあたりがとても軽くなりました。消えてなくなってしまったかと錯覚するくらいの軽さです。炎天下では倒れてしまいそうな苦しさを感じていましたが、それがなくなりました。高い所で感じていた恐怖感もなくなりました。

魂の記憶が、このセッションで解放され、Mさんの魂は軽やかさを取り戻しました。潜在意識は、過去の記憶を認識した瞬間から癒しを起こすと考えられます。魂が「今の自分の人生ではないこと」を認識するからでしょう。

顕在意識（頭で考える）ではこうはいきません。「高い所は怖くない」と言い聞かせても、怖いものは怖いです。「強権的な教えは、あなたを阻みません」と言い聞かせても、理由のない怖さを取り除くことはできません。でも潜在意識からアプローチすることで魂の視点から理由が分かり、自然と怖さが消えていったのです。光次元と繋がって起こる奇跡です。

しかし最初のヒプノセラピーセッションを終えた後も、Mさんの筋硬直はまだ取れていませんでした。ずいぶん深く、魂が傷ついていたのでしょう。

体の状態を変化させていくためには、いくつかのアプローチがあると思います。

一つは、体そのものに働きかけるということ、二つ目は、心に働きかけ体を癒すということ、三つ目は、魂に働きかけ体を癒すということです。

心・体・魂は、すべて繋がっていますから、どれでもよいといえばよいのですが、三つのアプローチすべてから働きかけられればベストです。Mさんは、ヨガとアロマトリートメントを通して心と体に働きかけ、アロマトリートメントとヒプノセラピーを通して魂にも働きかけていかれました。その頃の、Mさんからいただいたメッセージをご紹介しましょう。

ヒプノセラピー、ヨガ、アロマトリートメントをして頂くたびに、心の苦しさと身体の苦しさがとれて、毎日よく眠れるようになり、人並に動けるようになりました。本当に感謝しております。ありがとうございます。心身ともに次の段階に進む準備ができました。

この後Mさんは、光次元セッション※で、家族との過去世での繋がりを一つずつ紐解かれていくことを希望されました。家族間の悩みをお持ちで、それが今の自分に大きな影響を与えていると考えていらっしゃったためです。そうして、更に魂に働きかけ、様々に魂の解放を経験されました。また、ヨガやアロマトリートメントも続けられて、筋硬直は少しずつ消え、なくなっていったと教えてくださいました。

※光次元セッション：過去世やその他の光の情報をリーディングして未来をより明るい方向へ書き換えていく。ヒプノセラピーと違い、自分自身で体験するのではなく、龍衣《ロイ》が光次元の情報をリーディングしていくが、同様に魂の解放が起こっている。なぜなら潜在意識の記憶はその過去世を覚えているためと思われる。リーディング

の他にヒーリングもある。

◎お医者様も驚くほど重度の冷え性が改善したというYさん（30代／女性）の例

Yさんは、ヨガに興味を持ち、僕のスタジオに通ってくださっていました。ある日、光次元セッションで、戦争時代の看護師として心の葛藤《かっとう》を抱えていた過去世をリーディングさせていただきました。このときの体の硬直感はすさまじく、「過去世の書き換えが必要」と、光次元から情報が届きました。光次元から教えられるまま書き換えを行っていると、「あ！　崩れ落ちた！」現世の僕が叫ぶと同時に、Yさんも「落ちた！」と叫びました。過去世の看護師が硬直から解放され、その場に崩れ落ちた瞬間を同時に見せられたのです。看護師さんに血が通い始めた瞬間でした。

実は、Yさんは以前より、漢方内科での脈診により重度の冷え性と診断されていました。しかし、このセッションの後の脈診では、長い間の漢方治療でも治らなかった冷え性が「すっかり改善している」と、お医者様が驚いていたことを教えてくださいました。

◎亡くなったご主人との対話で明るさを取り戻したTさん（70代／女性）の例

Tさんも、ヨガのレッスンに通ってくださっていた方です。ご主人を急な病で亡くされた後、葬儀の仕方を親戚に非難され、とても悩まれていました。光次元セッションでは、ご主人が現れ、まず最初にされたことは、現世の僕やTさんを笑わせることでした。情報を面白おかしく表現し伝えてくれます。Tさんからも思わず笑みがこぼれます。Tさんにお聞きすると、「生前から人を楽しませるのが大好きな人」だったそうです。

葬儀の仕方については、「Tさんが執り行った通りでよかった」とご主人が伝えてくれたことで、Tさんもほっと一安心。「時々人生を終わりにしたい思いもあったが、これからは前を向いていけそう」と伝えてくださいました。最後に、セッション中ずっとニコニコされていたご主人の似顔絵を単純な線で描かせていただくと、「そっくり！　病院の看護師さんが描いてくれた絵と一緒！」と、また大笑い。最後まで笑わせてくれたご主人でした。Tさんは、その後新たな希望を見つけられ、毎日充実して過ごしていらっしゃいます。

◎光の情報で気持ちを楽にして今の人生の意味を知る

今を生きるために、なぜ過去世や光次元と繋がることが大切なのかわかっていただけたでしょうか。

自分の心の癖というのは、頭でわかっていてもコントロールできないものです。それは過去世からの積み重ねで起こっている場合があり、そこを癒せば手放すことができる可能性があるのです。また、Tさんの例は、亡くなったご主人の意思を確認したものでしたが、このように、光次元を通して得た情報により、自分を責めたり、負い目を追ったりする気持ちを手放しています。

もしも、今の自分を許せないとか、どうしても心の癖を手放せない、なぜか同じようなことがいつも起こる、という場合には、どうか自分を責めないでください。

『何か、過去につらい思いをしたのかな？　それとも、そこには、何か大切な意味があるのかな。別の視点があるのかな』

と考えてみてください。気持ちが少し楽になるかもしれません。

最初にご紹介したMさんは、このような世界があることを知るまでは、人生の意味に疑問を抱いていたそうです。生きる希望がないとも感じられていたそうです。同じように感じられている方もいらっしゃるかもしれません。

しかし、過去世を知ったり、魂の視点から見たりすることで、ご縁や繋がりにより支えられ生かされていることを知り、今の人生が持つ意味、その大切さ、愛おしさが理解でき、感謝の気持ちを持つこともできます。

今を大切に生きるため、霊的成長を促すために必要な「光の情報」。過去世やご縁、直感（直観）など様々な光の情報があります。

「想いを手放し、魂を解放して、今をより輝かせて生きる」ということに、ぜひ注目されてみてください。

9　免疫力を高め体・心・魂を癒す〝ライトボディ〟の創り方

ライトボディという言葉を聞いたことがあるでしょうか。

これも光と関係していて、ひと言でいうと光次元の体のことです。

今の地球で肉体というと、そこには重さがありますがライトボディは振動数が高く密度の薄い状態なので重さがありません。とても軽やかです。

このような体は免疫力が高く、病気になりにくい特徴を持っています。

これがライトボディです。


あなたの肉体をライトボディに近づけていくこともできます。

その有効な方法の一つが過去世の癒しなのです。過去世を癒すと、心や魂の状態が軽くなることが期待できます。心や魂が軽くなると免疫力が高まります。こうして病気になりにくいライトボディへと繋がっていきます。

笑うこともとってもいいことです。笑うと心が軽くなりますよね。軽い心も免疫力を高めます。

でも心だけでなく魂までも癒すとなると、過去世にアプローチしていくのが近道です。

心と体と魂は繋がっていますから、体から働きかけて心や魂の癒しに繋げていくという逆のアプローチもあります。

このことについては現世の僕が、サナトクマラ様[※]から受け取った情報があるので、それをご紹介させていただきましょう。

※サナトクマラとは、地球の地底世界シャンバラのリーダーで、金星の皇子でもあると言われている光次元の存在。

ヒカルランドクラブ連載「サナトクマラと白金龍神（プラチナドラゴン）からの光次元宇宙メッセージby龍依～Roy」26～27より抜粋

◎サナトクマラ様が教えてくれたライトボディに近づく方法・その一

サナトクマラ様が現れた。

いつものように大きなマントをまとったその体は　宙に浮いていた。

今日は何を伝えに来てくれているのだろう？　と思っていると、サナトクマラ様が僕の目の前にスッと瞬間移動した。そして次の瞬間には僕の体が瞬間移動して宙に浮いていた。サナトクマラ様に引き上げられたような感じだった。

すぐに、同じ感覚を体験させられているのだとわかった。

今日は、体のことを伝えてきているようだ。なぜなら宙に浮いた自分の体の軽やかさに、とても強く意識が引き寄せられたからだ。

とても軽やかなボディだった。このボディは三次元のものではない。光の粒子のままのボディとでもいえばいいだろうか。三次元的にいうと実態がないというか、重さがないというか……

『光の守護者』

と、言葉が流れ込んできた。サナトクマラ様のもう一つの姿のことだ。途端に腑に落ちた。光の守護者として存在するときの姿は、確かに光をまとっていて光の守護者と呼ぶにふさわしい姿だ。

でも、それは表面上のことだけではなかったのだ！　彼の肉体も光のライトボディだったのだ！　（三次元の肉体とは違うので、肉体という言葉は正確ではないが）

そんなふうに考えていたら、サナトクマラ様からメッセージが流れ込んできた。

「このライトボディは、三次元の天候、気圧、重力に影響されない」

と、サナトクマラ様が言った。

「ということは、次元の違う肉体…。

つまり、振動数を上げることによって（次元を上げることによって）、僕たちの体も、サナトクマラ様のようなライトボディになれるということですね」

と、僕が聞くと「そのとおり」と、サナトクマラ様が答えた。

そして次のようなことを教えてくれた。（一度に届いたメッセージなので、智慧《ちえ》として、僕の中に流れ込んできた）。

『振動数を上げて、ライトボディに』と、言葉でいうのは簡単だが、すぐにそうするというのは、なかなか難しいだろう。

だから、その手前のアプローチとして三次元的なアプローチもあり、それもとても大切なことなのだ。その三次元的なアプローチとは、インナーマッスルと呼ばれる筋肉を丁寧に動かすことだ。いわゆる『筋トレ』とは違う。体の奥にある小さな筋肉をゆっくり丁寧に動かす」

まさに僕がスタジオで開催しているヨガのクラスで行っているような動きだ、と思った。

「それをすることで、ライトボディに少しでも近づくことができる。最近の大きなエネルギー変動の中では、体に影響を感じることも多いだろう。インナーマッスルを動かすことで、その体の影響を少なくすることができる。

あなたたちは日頃、時や場所をわきまえて、『伸びをしてはいけない』『寝転んではいけない』など、してはいけない動きの制限の中で、その場にふさわしい体の動きをしている。

（体をあまり動かせないといってもいいかもしれない）

それはつまり、『インナーマッスルを動かす機会が減っている』ということだ。

この『してはいけない』という制限の中ではなく、『したい』という体の動きに敏感になることが大切だ。『してはいけない』から、『したい』へ。これが三次元のアプローチで、ライトボディに近づく方法のひとつだ」

体がなんだか最近重いな？　と思う方は、ぜひインナーマッスルを動かすことをしてみませんか。体が喜び心が喜ぶ。そこからハートチャクラへも働きかけていくこと請け合いです。

（つまり、魂への働きかけに繋がっていくということです）

◎サナトクマラ様が教えてくれたライトボディに近づく方法・その二

主宰している『ヒプノスタジオ☆クリスタルハート』で、ヨガ（ヒーリングヒプノヨガ）のレッスンを行っているときのことだった。ちょうどサナトクマラ様の教えてくれたライトボディのことを生徒さんにお話ししながらレッスンしていた。

するとと、サナトクマラ様が予告なく現れた！

「インナーマッスルが鍛えられると、体に光が入りやすくなる。
だから、インナーマッスルを動かすことが大切なのだ」

と、告げられた。

「なるほど！」

すごく納得できた。

僕は、人のエネルギーや状態、過去世などをリーディングしたりヒーリングで癒したり、ということをさせていただいている。そのときに何を行っているかというと、『光』を贈らせていただいている。

例えば体に不調が出てしまっている場合、その多くは光が滞っているように僕には見える。その滞りをなくし光を流れやすくする。そして光を充填する。

ここでいう『光』とは宇宙の光だ。特定のマスターが現れ、そのマスターから光が贈られることもある。そのときその瞬間に、その方に必要な『光』が贈られる。リーディングなどの場合も、多かれ少なかれ光を贈る。そして、光の情報を読み取ることでリーディングをしていく。

これがセッションの際の大きな流れだ。

そのときの状態や状況によって細かく違ってくるが、大枠はこのような流れだ。

とにかく『光』が、キーなのだ。

だから、サナトクマラ様のいうようにインナーマッスルを鍛えると、体に光が入りやすくなるなら光を流すことで不調が改善したりするのも納得がいく。つまり、こういうことだ。

・ライトボディは、三次元の事象に影響されない。

・ライトボディに近づくには、インナーマッスルを鍛えることが大切。
・インナーマッスルを鍛えると、体に光が入りやすくなる。
・体に光が十分に流れていると、三次元の事象に影響されない＝病気になりにくい。

量子力学、素粒子などの世界では、『すべての生命体は光で構成されている』という趣旨のことが言われている。『すべての生命体』なのだから当然、人間も含まれる。生命の源が光であるなら、わたしたちが生きるうえで、『光』、『光が十分に流れること』がいかに大切なことか。そしてライトボディとは、決して特別なものではなく、僕たちがこれからの時代に、確実に身につけていくものなのだ。

※ヒカルランドクラブとは、この本の出版社ヒカルランドが運営しているウェブサイト（http://hikarulandclub.com/）。著者は、そのサイトで「サナトクマラと白金龍神（プラチナドラゴン）からの光次元宇宙メッセージ」を連載している。

コラム：インナーマッスルを動かしてライトボディになる！

～体・心・魂が喜ぶ自分でできる実践ワーク～

現世の僕のスタジオ（ヒプノスタジオ☆クリスタルハート）ではイメージの力を育むような動きや、ヨガの呼吸法、ポーズなどを取り入れながら潜在意識に働きかけ、潜在的な力を呼び覚ますセラピーヨガ（ヒーリングヒプノヨガ）のレッスンも定期的に行っています。

昨今のヨガブームは、ヨガをとてもメジャーにしましたが、ヨガを単なる体操の一つと捉えていらっしゃる方も多いようです。様々な種類のヨガがあるのは確かですが、現世の僕のヨガのスタイルは、〝動く瞑想〟が基本です。ポーズやレッスンの流れを、ヒプノセラピーに基づいて、潜在意識に働きかけやすいように組み、自分の体の声を聞きながらポーズをとったり、イメージをしていったりすることで、自律神経を整え、心の奥を緩ませ癒しを得ていきます。

ここでは、そのレッスンメニューの中から、インナーマッスルを動かすための実践ワークの一つをお伝えしたいと思います。ヨガのポーズを応用したオリジナルのものです。インナーマッスルを動かすだけでなく、瞑想効果もあり、心を整えるのにも大変役立ちます。

① あぐらのようなポーズをとります。 ※P66図解イラスト参照

足は重ねず、おへそと左右のかかとが、お腹に対して一直線の位置にくるようにします（可能な範囲で行いましょう）。お尻のお肉を両手で掻《か》き出して安定して座り、骨盤を立てて下腹を引き上げ、姿勢を良くします。

姿勢を良くするのが難しい人は、お尻の下に座布団や折りたたんだブランケットなどを敷いてお尻の位置を高くしましょう。膝が床から遠く離れてしまう人は、足の付け根に座布団やブランケットなどを挟みましょう。しばらく姿勢良くいられるように居心地よくしていきます。あぐらがどうしても難しい方は、椅子に座った状態で行いましょう。

② 呼吸を整えます。

静かに目を閉じ、軽く息を吐いたあと、鼻から大きく息を吸って、少し止めたら口から

大きく吐き出します。ハーッと声が漏れるくらいに大きく吐きましょう。息を吐くときには、リラックスして体の力を手放していきます。

2〜3回繰り返したあと、自然な呼吸に戻していきます。できるだけ鼻だけを使って呼吸をします（鼻かぜをひいている時などは、無理せず、口も使って楽に呼吸をしていきます）。いつもよりゆったりと呼吸をして、そのリズムを感じていきましょう。空気が鼻から出たり入ったりすることや、呼吸のたびに、お腹のあたりが動くことなどを感じていきましょう。

③ 地球のエネルギーを感じます。

体の力が手放され、ゆったりとした感覚が得られてきたら、あなたの体の真下にある地球の中心を想像してみましょう。そこから地球のエネルギーが湧き上がります。あなたのお尻のところまで来たら、お尻から体内に入り、ゆっくりと上昇していきます。エネルギーの上昇にあわせて、両手を左右に広げ、上に上げていきます。

エネルギーは、丹田（おへその下あたり）、胃、胸、のど、頭を通って頭頂へ。頭頂からは宇宙に向かってまっすぐに伸びていきます。両手も頭の上まで上げ、掌を合わせます。

④ 宇宙のエネルギーを感じます。

今度は、宇宙からのエネルギーが頭頂に向かって降り注ぐのを感じていきます。頭から、のど、胸、胃、丹田、お尻を通っていきます。エネルギーの流れにあわせて、両手もゆっくりと下げていきましょう。

お尻までできたら、床を通って、大地を抜けて、地球の中心に向かってエネルギーが入っていきます。両手は床にゆだねていきます。地球にゆだねるイメージを持ってみましょう。

③に戻り、③~④を2~3回行います。

ポイント

○下腹が常に引き上がった状態（姿勢が良い状態）になっているようにします。
○足に入っている力は手放します。
○両手を上げるときは、吸う息から始めてみましょう。
○両手を下げるときは、吐く息から始めてみましょう。

○両手が上がっているときには、肩が一緒に上がらないように注意します。
○③~④を、最初は40秒程度で、慣れてきたら1分程度を目安にして行います。
○呼吸はできるだけゆっくりと長くしましょう。

最初は、良い姿勢を保つのが難しいかもしれませんが、続けていくうちに、良い姿勢のほうが楽に感じられるようになります。また、気持ちが穏やかに整えられ、深い癒しも得られます。4~5分ほどでできるので、ぜひ気軽に始めてみてください。

①あぐらのようなポーズをとります。

足元を
上から見ると
かかと
おへそ
下腹を上に
引き上げてね

②呼吸を整えます。

体の力を抜いて
リラックス。
下腹は上に
引き上げたまま

③地球のエネルギーを感じます。

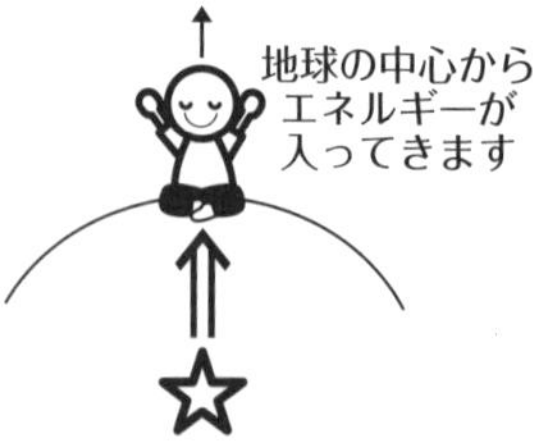
地球の中心から
エネルギーが
入ってきます

④宇宙のエネルギーを感じます。

宇宙から
エネルギーが
入ってきます

10 発酵を促す微生物、鉱物も魂に働きかける植物的エネルギー

さて、光に続いては、ドラゴンの世界の統治機構が大切に考えたもう一つのお話、植物についてです。

先ほど、光には光、あなたの光を輝かせるために光を活用する、とお話ししましたが実はもうひとつ光を輝かせる方法があります。

それが植物です。ドラゴンの世界では植物は『光を生かすエネルギー』とされていました。

あなたは、生葉《なまば》のハーブティーを飲んだことはありますか?

一般に市販されているハーブは、保存しやすいように乾燥したハーブティーがほとんどですが、それでもハーブのエネルギーは感じられると思います。でも生葉にはかないません。生葉のハーブには生命エネルギーの高さに感動を覚えるほどの、非常に大きなエネルギーが感じら

れます。

それも当然です。

『植物は光を生かすエネルギー』なのですから、光の存在である人間にとっては良薬以外の何物でもありません。現代でも、「体調を崩すと観葉植物が身代わりになってくれる」「森林浴で心のリハビリをする」などということを聞きますが同様のことです。

しかしドラゴンの世界で植物というと、いわゆる緑の葉を持つものだけを指しているのではありませんでした。緑の葉がなくても自然界の植物的エネルギーを持つものは、すべて植物として扱われていました。

では植物的エネルギーとはいったいどのようなものなのでしょうか。

実は、この情報は僕もまだ受け取っている最中です。その頃の僕は光を自由自在に使っていたので、今でも光の扱い方は体が覚えているし、光で何ができるのかということも感覚が覚えています。

でも植物のことはドラゴンの世界でも派遣されて学んだだけで、思い出すのが光より時間がかかるみたいです。その頃の仲間で植物の専門家だった人とも現世で出会い、知識を補ってもらいながら記憶を取り戻しているところです。

だから断片的にキーワードだけが分かっている場合もあります。

とにかく今思い出していることを繋げて、できるだけわかりやすくお伝えしたいと思います。

まず、発酵したものは植物的なエネルギーを持つものとされていました。

発酵を促す微生物も植物的なエネルギーです。微生物が働くものは植物的なエネルギーを持つといっていいでしょう。

鉱物も植物的エネルギーを持つものとされていました。

ですから水晶など、いわゆるパワーストーンと呼ばれるものも含まれます。

このような植物的エネルギーは人心（心・体・魂）を清める高い波動を持っています。

今の地球でも、アロマオイルなど植物のエネルギーはすでに活用されていますが、それには思っている以上に大きなエネルギーがあり、心や体だけでなく魂にも働きかけてくれます。

ただそこまでになると、どのような植物を用いるのかということも大切になってきます。農薬付けの植物では、植物のエネルギーをあまり期待できないことは想像できると思います。ではオーガニック（有機栽培）であればいいのかというと、それだけでもなく自然の摂理に適《かな》ったタイミングで育てられているか、愛を込めて育てられているか、摘み取るまで大切に育てられているか、といった様々なことが大切になってきます。

ドラゴンの世界では、そういったすべてのことを漏れなく植物主体で考えられて、植物が育てられていました。このように育てられた植物は本当に人心（心・体・魂）を清めていきました。高い植物的エネルギーによって人心（心・体・魂）を清めることは、統治機構がとても大切にしていたことです。

11　高い波動の植物的エネルギーがあなたを光次元に繋げてくれる

「植物は光を活かすエネルギーを持つ」ということをすでにお伝えしました。

繰り返しになりますが、人間は光の存在です。つまり、植物は人間を生かしてくれるのです。

今の地球では、人間が光次元に繋がるとき（人間が光次元に繋がる＝魂のふるさとに還るといってもいいでしょう）、潜在意識を通して繋がります。潜在意識とは魂の部分です。だから、そこを清めて光次元と繋がりやすくすることが大事になります。そして、そこを清めてくれるのが高い植物的エネルギーなのです。

「光次元と繋がやすくすることが大事」と聞いて、「人間は、もともと光なのだから、そもそも光と繋がっているのではないの？」と疑問を感じた方がいらっしゃるかもしれません。

その通りです。人間は光と繋がっています。

一方でそれを忘れてしまいがちであることも事実です。

肉体を持って地球で生活していると、どうしても肉体の視点になりがちだからです。自分が光の存在であることを忘れているとき、その思い（想念）によって光と繋がりにくくなってしまうのです。

だから魂を清めることが大事で、そのために大切なのが高い植物的エネルギーなのです。

ですから、現世の僕のスタジオの施療で使うアロマオイルも高い植物的エネルギーを持つ特別なアロマオイルを使うようにしています。人心（心・体・魂）に与える影響がまったく違うからです。

アロマオイルは、一般的に原液で用いるのはよくないとされています。理由は色々ありますが簡単にいうと、体にはきつすぎるためです。それに対してスタジオで使用するアロマオイルは、原液でも使えるといわれるアロマオイルです。

なぜ使えるのかというと、ドラゴンの世界で育てられたような方法で育てられた植物のオイルで、最高純度を誇り、とても微細で高い振動を保つ優しいオイルだからです。

そのオイルがアロマトリートメント（アロマオイルを用いた体のマッサージ）の施療を通して全身に浸透していくと、体から心そして魂へと働きかけ、その人の振動数（波動）を上げてくれます。

「アロマオイルでなくても、光を浴びればいいのでは？」

と疑問が湧くかもしれません。

確かに光も振動数を上げてくれます。そういう意味では同じことです。

でも実は大きな違いがあるのです。

それは〝アロマオイルは物質、肉体も物質〟ということです。一方、光は物質ではありません。

肉体という物質には、アロマオイルに代表されるような植物的エネルギーを持つ物質による定期的なメンテナンスがとても効果的なのです。アロマオイルは肉体の奥深くに浸透していきます。そして、とどまらずに流れていくので体も楽に受け入れます（専門的知識を持つ人のもとで、正しく使用されることが前提です）。その上、肉体は心、魂と繋がっていますから、肉体をメンテナンスすることで、心、魂もメンテナンスされていきます。
つまり、アロマオイルによって肉体の隅々まで振動数（波動）が上がり、心と魂の振動数も上げてくれるというわけです。

光とアロマ（植物）とでは、アプローチの種類が違うので、どちらが優れているとはいえません。どちらも優れています。

たとえるなら、情報を受け取るためには、新聞、テレビ、ラジオ、本、インターネットなど様々な媒体がありますが、どれが優れているとはいえませんよね。それと同じです。

アロマトリートメントで期待できる効果についてインターネットで検索してみると色々と出てくると思います。筋肉の緊張を和らげる、リンパや血液の流れを促進する、香りで心が落ち着く、人の手によるタッチが心に働きかける、などが書かれていますが、その根本には、振動数（波動）を上げて光と繋げるという科学的な理由があるのです。

今の地球では、証明されていない科学なのかもしれません。しかし、ドラゴンの世界では常識とされている科学です。

12 思いの重さに注意！ 軽やかに心を込めたら後は手放す

また振動数が関係しているので、それを扱う人（施療者）の振動数も影響します。

施療者がイライラした状態（より低い振動数の状態）でトリートメントをするのと、穏やかな状態（より高い振動数の状態）で行うのとでは与える影響がまったく違います。

ただ仕事だからと施療を行っているのと、本当に癒して差し上げたいという思いで行うのとでも、まったく違います。

「癒して差し上げたい、それが自分の喜びだ」という思いが、自然体である施療者ほど、高い振動数で施療をします。（だから常日頃の清らかさが大切です。）ただし押し付けがましくなると、また事情は違ってきます。〝自分がなんとかする〟とか、〝してあげる〟などというのは問題外で、〝ただ純粋にその方にとって最適な結果を願って（信じて）心を込める〟ことが大切です。そこには自我（エゴ）は必要ありません。自我（エゴ）には重さがあり、振動数も低くなってしまいます。ですからできるだけ軽やかに心を込めるということが大切です。その意味では、先ほどの「癒して差し上げたい」という言葉も適切でないと言えるでしょう。言葉で伝えるのは難しいですが、僕のスタジオのアロマトリートメントのセラピストであるＮａｒｕｒａ（ナルラ）さんは、こんなふうに表現します。

「施術では、自然と相手の方に感謝や慈しみの気持ちが湧き上がります。それは本来の自分に戻る感覚です。私自身が自然体になり喜びを感じ、施術を通して、相手の方の自然体と出会って行きます。その方の自然体を感じて行くと、それが拡がっていきます。自然体が拡がるということは、その方自身が、自分を癒していくことなのでしょう。逆に言えば、病気とは、不自然な状態ですものね。自然な状態であれば病気にもならないのでしょう。

だから、どちらかがどうではなくて、お互いに癒されて行くような、お互いに高められるような、そんな質のトリートメントを目指したいと思っています」

これは、どのような施療にも通じる、とても大切なことです。このような心持ちを大切に育みながら、ポイントは〝**軽やかに心を込めたら後は手放す**〟ということです。それができたとき、アロマオイルの振動数と施療者の振動数が掛け合わさり、相乗効果となって受けている方に届く振動数は更に高まります。

13 植物的エネルギーで施療者側も光次元に繋がり情報を得られる

そのようなとき施療者は施療中に光の情報を受け取りやすくなります。アロマオイルを通して、精霊が光次元に繋げてくれるのです。

現世の僕のスタジオでも、前出のＮａｒｕｒａ（ナルラ）さん（ドラゴンの世界で植物の専門家だった人でもあります）は、これまでにたくさんの光の情報を受け取っていますので、いくつか例をあげてご紹介していきましょう。

背中（胃の後ろのあたり）をトリートメントしていたときのことです。くすんだエネルギーが長いワカメのようになって、たくさん出て行くのを見たそうです。胃にはストレスが溜まりやすいので、ストレスによって胃の振動数が低くなっていたことが考えられます。

トリートメントを受けたことによって、高い振動数が胃に届き、胃の振動数も引き上げられたのです。すると高い振動数にそぐわないエネルギーは、自然と手放され、昇華されます。施療者はそれをワカメのようなビジョンとして見たのです。

光次元のレベルでどのような癒しが行われているのかということを、光の情報から届けられた例です。面白いことに、受けている方も同じときに同じような感覚を感じられていることが多々あります。ですから施療者からそのことを伝えられるとご自分の感覚に確信を持ちます。確信を持つことで振動数がより引き上げられていきます。

他には、受けている方にとっての必要な情報が施療者に届くこともあります。

ある日の施療中、おかっぱ頭のとってもかわいらしい女の子がブランコを思いっきり漕いでいる姿が見えたそうです。あとでお客様にそのことをお伝えすると、お客様ご自身の子どもの頃の姿だとすぐにピンときたそうです。

「その頃は無邪気で天真爛漫。自信たっぷりで、どんなことでも叶うと信じていました。とってもキラキラと輝いていました。でも今はすっかりそんな感覚を忘れていたなって。わたしにとって、とても必要な感覚だと思いました」

その方はヨガのレッスンにも通ってくださっているのですが、その日以来、ヨガで瞑想をするときには、そのときの自分を思い出されているそうです。僕が状態を確認させていただくと、とってもよいエネルギーを発していらっしゃいます。振動数のコントロールの仕方を習得されたのです。振動数を高めやすいパターンを見つけてしまえば、あとはとっても簡単です。繰り返すごとに、振動数の高まりが早くなったり、長く持続するようになっていきます。たとえ何かで落ち込んだとしても、いつまでも引きずることもなくなります。周りの環境に左右されない、ぶれない心が育まれるのです。

これもまた、免疫力を高めてくれる要素の一つになります。

このように、高い振動数（波動）による施療は、受ける方の生きるヒントになったり、今の状態が分かったりする有益な光の情報を届けてくれ、体はもちろん心や魂まで癒してくれるのです。

高い植物的エネルギーがもたらす嬉しい副産物といってもいいでしょう。

ですから、もしあなたがアロマトリートメントの施療者であれば、扱うアロマオイルと自分の心や魂の状態を大切にしてお客様をお迎えされることを、ぜひおすすめします。あなたが受けられる方であれば、どのようなオイルが使われているのか、また信頼できる施療者であるかということを選択肢に加えることをおすすめします。

あなたが、植物の持つエネルギーを最大限受け取ることができますように☆

14 植物的エネルギーの活用が世界に調和と平和をもたらす

アロマの他にも縁あって出合った植物的エネルギーの高いものは、できるだけ現世の僕のスタジオでご紹介するようにしています。植物的エネルギーの力を借りて、人心（心・体・魂）を清めるということを、ぜひ多くの人にしていただきたいと思います。

僕のスタジオで取り扱っているものには、例えばこのようなものがあります。

『霊芝の入った酵素、霊芝、鉱物から作られている石鹼、化粧水、シャンプー、トリートメント、クレイ、セージ、竹炭、化粧品』など。いずれも、そのエネルギーをリーディングによって確認し、人心（心・体・魂）を清めるためのエネルギーを備えていると感じたものばかりです。

生活の中で使用する石鹼や化粧水、シャンプーなどは、直接肌に触れ、毎日使います。少量でも日々の蓄積を考えると、高い植物的エネルギーを持つものを使うことはとても大切です。

現世の僕のスタジオで取り扱いのあるもの以外でも、植物的エネルギーの高いものはたくさん存在していると思います。スタジオでは、ご希望があればエネルギーのリーディングもさせて頂いていますが、ぜひ自分の感覚と色々な説明を見て、聞いて、判断して、必要だと思ったものは取り入れられることをおすすめします。

ドラゴンの世界でも、光と植物の両方のアプローチから自分を清め、免疫力の高いライトボディを創ることが推奨されていました。それは一人ひとりの更なる霊的成長を促し、世界の調和を保ちます。

あなたがあなたの光を輝かせることは、世界をも変える力があるのです☆

15 世界の変革期に関係する振動数のエネルギー変化

ドラゴンの世界の統治機構は、光と植物からのアプローチを最大限に心がけ、なんとか、その世界の振動数を保っていきました。でも簡単にはおさまらない闇もあり、それは増大していき、僕たちドラゴンライダーの出動も増えていきました。

闇をそのままにしておくと世界の振動数が下がっていきます。それはつまり次元が下がるということです。次元が下がるとその世界は崩壊します。

最初にご紹介した蟻の視点を例にとると、上の視点から見ることができる世界から、蟻の視点から物事を見る世界に変わってしまうということです。それは価値観を大きく変え、人類の在り方も変えます。今までその世界でできていたことができなくなります。振動数が下がり次元が下がるとは、そういうことなのです。

逆の例もあります。振動数と次元が上がり、今まで蟻の視点（低い振動数）から見る世界だったのが、上の視点（高い振動数）から見る世界になるとき、物事の価値観は大きく変わり人類の在り方も変わってきます。今まで不思議だと思われていたことが常識に変わったり、不明とされていた原因が明らかになったりします。人々の愛もより大きな愛になります。

そのとき低い振動数のエネルギーが多く残っていれば残っているほど、それまでの世界がいったん壊れます。エネルギー同士で引っ張り合って均衡が崩れてしまうのです。これは個人にも当てはまることです。

壊れることには、悲しみを伴うこともあるでしょう。だから壊れないのが一番いいのですが、もし壊れたとしても、それは脱皮のようなもので、魂のレベルでみるとこれまで制限されていたものが解き放たれ、より美しく清らかに成長し、蝶のようにはばたくための一つの過程なのです。

16 ドラゴンの世界で起こったことが今地球で起こっている

世界の変換期において、ドラゴンの世界では振動数を上げ次元を上げて魂を成長させるために、あらゆる努力が行われてきました。それが今までにお話しさせていただいた光や植物を使ったアプローチであり、僕たちドラゴンライダーの出動でもありました。

ドラゴンライダーは、今の地球でいうところの神官のような存在でした。神官は人と神を繋ぐ役目の人ですが、ドラゴンライダーは人とドラゴンを繋ぐ役目を持っていました。ドラゴンと接するためには振動数を高く保つ必要がありました。そうしないとドラゴンのそばにいられないのです。

植物の研究者も同じです。

人と植物を繋ぐ役目を持ち、高い植物的エネルギーを持つ植物を育てるために振動数を高く保つ必要がありました。

そして振動数を高く保つということは、この世界を護る鍵であると、昔から広く知られていました。ですから、ドラゴンライダーや植物の研究者だけでなく、他の役割を持つ人々も皆、振動数を高く保つことを心がけていました。

しかし次第に、ドラゴンの神聖さや光や植物のエネルギーを軽視する傾向が出てきました。人々も振動数を高く保つことから心が離れ、その結果として人心（心・体・魂）が曇り闇が広まったことで、統治機構はドラゴンと光や植物が世界を守護してきたことをもう一度見直し、原点に立ち戻る選択をしました。

今の地球にとてもよく似ています。

特に日本には八百万《やおよろず》の神々といって、すべてのものに神が宿っているとされ、神を敬う心が受け継がれてきました。たとえ誰も見ていないと思っても〝お天道様〟は見ているのだから良心に従って生きることが大切だとされていました。しかし次第に人々の心は神性から離れ、便利さや効率を追求するようになっていきました。

植物もそうです。お店に並んだときの見栄えがいいように、大きさが均等で見た目の綺麗な野菜にするため、農薬を用いて栽培した結果、野菜の栄養価は失われていきました。

17 強くて軽い願いが光の通り道を創る

ドラゴンの世界の統治機構は、闇が増加し始めたときに、それを反省し、人心（心・体・魂）を清めるために何が必要かを考え、光の情報から学び、軽視せずに実行に移しました。世界中の人々も、皆、振動数を高く保つことに再び心を向けていきました。

僕たちドラゴンライダーも努力しました。

闇のエネルギーが高まっているところに出動し、光で包み込みます。その光は宇宙の光です。宇宙の無限の愛を持つ光で闇を包み、調和し、光に還します。

世界の変換期には、振動数の低いエネルギーも最大限に高まっていたので、僕たちドラゴンライダーは生涯をかけてその活動に従事しました。僕たちの仲間で、そのときに生き残ったものはわずかだったと思います。僕も、最後に世界が光に包み込まれるのを見届けて息を引き取りました。

そういう面から見ると、悲しみが伴う出来事だったかもしれません。でも人心（心・体・魂）を清めることに立ち戻った結果、悲しみをできる限り小さく抑えることができたし、その世界の次元をより高く上昇させることもできました。

僕は、このときの経験で、光に包まれた世界を強く望む自分がいるのを感じています。そして一日でも早く人心（心・体・魂）を清めることが浸透すれば、それだけ世界が壊れたり、悲しみを伴ったりすることは減ると知っているし、完全になくすことも可能だと思っています。

でも同時にもう一つ大事なことがあります。それは心を軽やかに持つことです。言い換えれば、想いを手放して生きるということです。

光に包まれた世界を望む思いが悲痛なものであっては、そこに光が通りません。農薬の野菜のように本末転倒となってしまいます。

強い願いは大切です。でもどのような強さかということが、もっと大切です。
強くて重い願いではなく、**強くて軽い願い**が一番です。

〝軽やかに心を込めて、笑顔が溢れている状態を強く想い描く。その後は手放す〟

ドラゴンライダーの仲間達にも、いつも伝えていたことです。
生涯をかけ、願いを込めて活動していたからこそ、どうしても重さが出ることがあります。
一生懸命であるほど、自我（エゴ）が入ってしまうことがあるのです。

これはどんなときにもいえることです。
心の軽やかさは光の通り道です。

今、地球も変換期にあります。
ドラゴンの世界が取った選択を地球でも選択していくことが、地球の次元上昇（アセンション）の手助けの一つとなると思います。

『人心（心・体・魂）を清める』

これは僕たち一人ひとりができることです。
人心（心・体・魂）を清めてあなたが幸せになれば、周りが幸せになり、周りの幸せを感じて、あなたもますます幸せになります。

闇は光に還ります。なぜなら元は光だからです。（闇は人心（＝光）が生み出す）
闇があることで、光の素晴らしさも感じられたことに感謝し、これからは闇を光に還し、「魂の視点から見る世界」「人心（心・体・魂）の清らかな世界」に移行して行きましょう。

ドラゴンの世界での学びが、あなたのこれからの生きるヒントになれれば幸いです。

Part2

河合勝氏とのシンクロニシティ対談／今、地球・日本に起こっていること、これからの未来のこと

1　日本を守護する龍神から届いたビジョンは何を意味するのか

現世の僕は龍神とご縁が深く、龍神からさまざまなビジョンを見せられています。最近のビジョンはもっぱら、今地球に起こっていることと、これからの時代を生きるヒントを伝えられるような内容ばかりです。

この章では、そのいくつかをご紹介させていただこうと思います。

ヒカルランドクラブ連載「サナトクマラと白金龍神《プラチナドラゴン》からの光次元宇宙メッセージby 龍依〜Roy」31より一部抜粋

◎龍神の国・日本が、龍に縁を持つ者達とともに動き出している

宇宙から地球を見ていた。まわりには宇宙の兄弟たちもいた。
日本が見える。ぐんぐん日本に近づいていく。日本列島の姿がよくわかる。
龍神の形をした日本。

すると……
列島が動き始めた‼
少しずつ揺り動かされ、列島が動いている。
埋まって、眠っていたものを発掘するかのように、輪郭が浮かび上がる。

そして、
龍の姿に変化した‼
もはや、龍神の形をした日本列島ではない。龍神の姿。龍神そのものだった。
日本列島が完全に龍神となったとき、龍神（＝日本）が宙に浮かんだ！
ゆっくりとその長い首をもたげている。

「次のステージに向かう」

メッセージが流れ込んできた。

「龍神の背に乗る者と、乗らぬ者がいる」

気づけば、宇宙にいたはずの僕は、龍神の背に乗っていた。

「龍の背に乗ることを選ぶ者が、『神聖さを選ぶ者』」

龍神の国、日本。まさに今！　天地からの大いなるエネルギーを受け、龍の縁を持つ者達が動き出そうとしている。

このビジョンは、日本を守護する龍神が動き出したことを意味していました。光次元の視点でいうと、日本の次元が一つ上がり（振動数が上がり）龍脈が本来の役割を果たし始めたということになります。

「龍神の背に乗る者と乗らぬ者がいる」とは、振動数の上昇についていくか、ついていかないか、ということです。振動数が上昇するということは、僕たちの愛、慈悲や思いやりの心はより深くなり、考え方はより軽やかになることを意味します。

つまり、より深い愛、より軽やかな考えを選択して、すでに開かれた扉から新しい世界に入るかどうかということなのです。

これまでは、新しい世界の扉が開くのはいつなのか、ということがずっと言われていましたが、それが開いたのです！

龍神はもう、動き出しました。だから、僕たちは心・体・魂を軽やかに保ち、その波に乗ることを選択する時がやってきたのです！

◎ビジョンで見た富士山と御嶽山、沖縄が今後の日本の鍵に⁉

このビジョンを見せられてから、しばらくたったある日、再び現世の僕は龍神のエネルギーに意識を向けてみました。

すると目の前に富士山のビジョンが現れました。

以前龍神から、**『富士山は丹田、御嶽山《おんたけ》はみぞおち』**とメッセージが届いていたことを思い出しました。それは、龍神の姿をした日本列島を人間の体でたとえると、富士山は丹田にあたり、木曽の御嶽山はみぞおちにあたる、という意味のメッセージでした。

目の前の富士のビジョンが迫り、あっという間に僕の姿と富士山の姿が重なっていきました。富士山の山頂と僕の頭頂が重なり、富士山のすそ野と僕の足先がぴたりと重なりました。

富士山と一体になった僕の魂は光の次元に入っていきました。

その心地よさを堪能する間もなく、今度は金龍と白金龍神（プラチナドラゴン）が、二重らせんを描きながら、富士山の頂上（僕の頭頂）から入っていきます。二体の龍が描くらせんの周りにはたくさんの光の粒子と光の波が取り巻き、さながら大きな光の柱のようでした。

その二龍の光の柱が、僕のハートチャクラに到達したとき、何かメッセージをくれるに違いないと思いました。しかし、その予想は大きく外れ、二龍は、あっという間に素通りしていったのです。二龍の光の柱はそのまま足元（富士山のすそ野）から抜け、日本列島を西へと飛んでいきました。

たどり着いたところは、沖縄でした。

日本列島は龍の形をしていますが、沖縄は、その頭にあたるところです。

「あ！　龍のスポットを教えてくれるのだ！」

と直感で思った瞬間に、二龍は、沖縄のある地点をめがけてすごい速さで降りていきます。

途中で「ナゴ」という音が響きました。

二龍が降りた地点は、角《つの》のように大きく出っ張っている半島の東側の根元でした。

現世の僕は沖縄の地理をよく知りません。ですから「ナゴ（名護《なご》）」という地名が存在することは、知っているけれど、はたして、その龍が向かった場所が「ナゴ（名護）」かどうかも分からずに戸惑っていると、次のビジョンを見せられました。

女性が、水の中で目を閉じ、髪を揺らしています。長いブロンドの髪を持つその女性の全身を見ると、足はなく、変わりに長い尾びれを持っていました！　人魚です！

すると『龍の種族』というキーワードが流れ込んできました。人魚もドラゴンや龍神と同じように、龍の仲間だと教えてくれたのです。

更によく見ると人魚のお腹のところに、丸い大きな玉があるようです。お腹の中（子宮）にあるようにも見えます。

「龍の玉を護っている！」

直感（直観）で分かりました。そして立て続けに情報が流れ込んできました！

『半島は龍の角にあたる。人魚の場所は角のすぐ後ろの後頭部、たてがみがあるところにあたる』

この瞬間、あらゆるキーワードが、現世の僕の頭の中を駆け巡りました。

〝龍〟

〝龍の玉〟

〝そのお話を子ども向けに書いたこと（「ドラゴンライダー〜龍の玉をもつもの〜」）〟

〝龍の頭の琉球〟〝前著のタイトルが『流光次元リーディング』だったこと〟

〝龍神（＝日本列島）が首をもたげて動き出したこと〟

それは、パズルの全ピースがあっという間に一致していくような感覚でした。シンクロニシティ（共時性）です。


それだけではありません。

このパズルのピースの一つに、今からご紹介させて頂く内容も含まれていたのです。

2 浮かんだ沖縄の龍のスポットは世界一エネルギーが高い場所⁉

ある日、現世の僕の元に一通のメールが届きました。

〝『宇宙にたった一つの《いのち》の仕組み』という本を書かれた河合勝さんが、「これからの時代は、スピリチュアルに理解を持ち、子どもと親に天上界の教えを伝える人が大事になる」とおっしゃっていたので、それを聞いて思い浮かんだ曽根さん（現世の僕のことです）のことを紹介しておきました〟

ヒカルランドクラブの連載（この本の出版社が運営するホームページ）でお世話になっている棚谷さんからでした。

河合勝さんとは、故・知花敏彦氏を師として仰ぎ、知花氏より天上界の智慧を17年間にわたって教えられた方です（知花氏は今の地球では解明されていない科学や天上界からのメッセージを現世に伝え、人間界を霊的に導く大きな役割を持たれていた方だということです）。

河合さんは、知花氏が残された天上界の智慧について情報提供をされたり、無農薬で美味しく栄養価が高く安価な自然農法の普及にも力を注がれていらっしゃるそうです。

それからしばらくして、棚谷さんと、この本の編集を担当してくださっている溝口さんのお計らいにより、河合先生と対談をさせていただけることになりました。

最初の計画では、『これからの世代の子どもたちへの教育』ということをテーマにお話しさせて頂くことになっていました。


ところが……

後日、対談の日程などを調整させて頂いた際のことです。

「沖縄の龍のスポットをご存知でしたら教えてください」

と河合先生より連絡がありました。しかし、現世の僕は、まだ一度も沖縄を訪れたことがありません。龍のスポットどころか沖縄の地理自体がよくわかっていません。

でもこのとき、僕の直感（直観）はこう伝えてきました。

「龍神が教えてくれる」

この直感（直観）は、龍神が与えてくれたものだったのでしょう。数日後、本当に龍神が教えてくれたのです。それが先に書かせていただいたビジョンです。

このビジョンを河合先生にお知らせしましたら、後日頂いたお電話で、次のようにお話ししてくださいました。

・二龍が降りた地点は、確かに名護で、たてがみの場所は、古宇利島《こうりじま》というところにあたる。
・そこは沖縄の子宮にあたる。
・世界一エネルギーが高い場所だと思っている。
・アダムとイヴの伝説があり子宝を授かる場所として知られ、皇太子ご夫妻や秋篠宮ご夫妻もいらしている。
・そばに龍の洞窟もある。
・「沖縄が拓けると地球は拓ける」と天上界は言っている。

現世の僕も、地図で調べてみたところ、古宇利島はまさに、龍の姿のたてがみの場所でした。『人魚が子宮に持っていた玉のビジョン』と、『沖縄の子宮にあたり子宝を授かる場所』という一致を見ても、人智を超えた光の情報であるといえるでしょう。そして、このような情報の一致は、これだけではありませんでした。

現世の僕は、光次元の情報を感じられるようになってから、さまざまな体験をさせていただいていました。

龍神はもちろん、エジプト、ホルス神、ハトホル神、猿田彦神、スサノオ、サナトクマラ、シャンバラ、天使、などなど、そのキーワードをあげるときりがありません。

そして体験を通してあらゆる情報を教えて頂きます。前章の『光と植物』のことも、そのうちの一つです。他にも『今地球に起こっていること』や『人間は光からエネルギーを得られること』、『精霊から情報が届けられること』などを学んでいます。

今回の対談では、そのような学びが次々と一致していきました。

それはまるで、今までの体験を振り返りながら、確認させていただいているような感覚でした。

ここからは、現世の僕である曽根史代にバトンタッチします。

3　いよいよ日本、沖縄から世界へと龍脈を繋ぐときがやってきた

◎「沖縄が拓けると世界が拓ける」という天上界のメッセージ

河合：天上界によると、**21世紀は沖縄の時代**なんですよ。

沖縄だけで7つのチャクラがあるんですね。そのチャクラが曇ったままだと世界はとんでもないことになる。その**7つのチャクラが全部開かれると世界は素晴らしいことになる。**これが、**今の天上界のプログラムなんです。**

曽根：そうなのですね。実は先日、お電話を頂く前に、龍神からメッセージを頂いていたのです。

河合：そうでしたか。

曽根：わたしは普段、光次元の存在からメッセージを受け取ると、その多くを忘れてしまうのです。ですから、できるだけ録音するか書き留めるようにしています。お電話をいただいたときには、「そういえば、龍神からメッセージをいただいたのに、なんだったかしら」と、忘れてしまっていてお伝えできなかったのです。

メッセージは、「**宝玉が生まれるとき、宝玉の光が解き放たれ、地球が光に包まれる**」というものでした。宝玉は、お電話でお伝えした『人魚がおなかに護っていた玉』のことです。「沖縄が拓けると地球は拓ける」という天上界のメッセージと一致しているなと思いました。

でもそれだけなく、まだ龍神のメッセージは続きます。

なぜ、沖縄にその場所があるのかを聞きました。まず一つは、防御の意味があったようです。カモフラージュして護るのにちょうどよかったようです。それで、都から離れていることと、数多くの龍の伝説があり注目をそらすことができると。そして二つ目は、「龍の大切な首」だと。「首をもたげた、その頂点にあたるところ。それが角の根本、たてがみのあるところ」。まさに古宇利島の場所を指しています。

それで「**首をもたげて、次元が上昇し、その高い視点から地球を包む**」と。「それが行われるために、この地なのだ」ということでした。つまり、古宇利島は、沖縄の中では子宮にあたるけれども、日本列島の中では首にあたるということなのだと思います。

河合：確かにね、沖縄のポイントは斎場御嶽《せいふあうたき》なんです。それで沖縄の子宮が古宇利島なんです。古宇利島を護らなければいけないのですね。

曽根：たくさん観光客が来てしまうからだと、お電話でおっしゃっていましたね。

河合：はい。今ね、沖縄本島と橋が繋がってるんですよ。それで若いカップルがたくさん行ってるんですね。アダムとイヴの伝説があるっていうのでね。沖縄は、沖を縄で繋ぐっていうでしょ。それと琉球って書くでしょ。流れる球って。地球なんですよ。ただ表向きは日本の本島の富士山が火の場所で、世界のチャクラの頭のてっぺんは富士山なんですよ。で、忍野八海《おしのはっかい》っていうのはね、あそこは水が湧いて子宮なんですね。で、八つの海っていうのは、8の字を横にすると無限大（∞）という意味、そして忍というのは隠されているということ。そういう場所なんですよ。だから、まあ、そういう聖地をこれから地場清めをしないといけないんですね。

曽根：そうみたいですね。**琉球は琉の球で、龍の玉・宝玉**とも繫がります。

わたしも、なぜ、龍神がそういうビジョンを見せてくれたのかと思って確認してみたら、そこから出るエネルギーを繫いでいかないといけない、ということがあるみたいです。

◎水・陰の龍、火・陽の鳳凰を一つのペアにしてとらえる大切さ

河合：はい。日本列島そのものが龍のレイラインなんですよね。実はハワイも龍のレイラインです。それを繫ぐために、第二次世界大戦をやったのです。戦争をする前にハワイの首長は、日本の属国になりたいと言ってきているのですけれど、日本はとりあえず遠慮したんですね。

結局アメリカが日本を戦争に巻き込んで、そのとおりになって、だけどその結果ハワイと日本のレイラインが繫がって、今度日本列島と台湾が繫がらないと中国と東南アジアが開けないって言うんですよ。

それは、三六九神示《みろくしんじ》っていうのに書いてあるんですが、日月神示《ひつきしんじ》の後に出されています。それがものすごく正しいんです。たまたま仕事で台湾に行って、台中に行って、日月潭《にちげったん》という湖があって、そこに鳳凰《ほうおう》と龍の寺があるというのを写真で見ていたので、そこに行きたいと言ったら案内してくれたんです。その夜夕食を取ったのが、港町で、昔から中国大陸と台湾を結ぶ港なんですよ。それが十月。その月のうちに四川省の農業長官が僕に会いたいと言って来て農業の話を聴きたいといって、十二月のクリスマス。で、成都っていう所に行って、二日間で向こうの農業試験場のスタッフと延べ十時間お話ししたんです。そうしたら繋がった。

だけど、まだ完全に繋がってないのでね。だから、その日月潭と日本の龍のレイラインを繋いで。日月潭にはねえ、三蔵法師の骨が寺に埋められている。最初は日本に来たのを後で持っていったのです。

曽根：台湾もわたしの中でキーワードなのです。

河合：ああ、やっぱりね。

曽根：数年前に、光次元の存在に、自分が行ったほうがいい所がどこかあるかどうかを聞いたのです。そうしたら、『八』『卦』『山』という漢字が、順に現れたのです。「八卦山？」そんな所があるのかな？　と思って、インターネットで調べましたら、台湾にあって、仏像なども祀られているような場所だったのです。

河合：ほ〜お。

曽根：それから最近になって、先ほどの人魚が宝玉を護っている場所に行ってエネルギーを繋げる必要があるということがわかりました。そしてそれは、波照間島《はてるまじま》や南大東島も関連しているというのがわかって。波照間島なんかは、台湾のすぐそばにありますよね。だから、まさに龍脈の繋がりを感じていたのです。

河合：ああ。波照間島は、昔の聖なるポイントが、沖縄で一番残っている島で、もともと泥棒がいない島なのです。あそこは、日本の有人島で一番南なんですね。南十字星が見える所。

それで台湾に一番近いのは、与那国島《よなぐにじま》ですが、あそこは二万六千年前のアトランティスの遺跡が沈没した海底神殿、今、隆起しているんですよ。与那国もそうだし、沖縄もそうだし、奄美もそうだし、それから出雲のところも隆起している。伊豆半島も海底神殿が隆起して、足摺《あしずり》の所も隆起している。それを学者は、「あれは自然のものだ」ととんでもないことを言っているんですけれど、そういうふうにして、どんどん明かされてきているんですね。

八卦山は、台湾の頭かもしれませんね。日月潭というのは、湖だから、子宮なんですよ。そこに小さな島があってね。金塊があるんじゃないかって噂《うわさ》がありますす。台湾には、もう一度行ってみたいなって思っているのですけどね。鳳凰と龍の寺っていうのがあって、だいたい、鳳凰がプラスで龍がマイナスでしょう。龍だけだとダメなんです。陰だから。鳳凰がプラスで陽なんです。だから、**鳳凰と龍のペアにしないといけないんです。**

曽根：そうなのですね。わたしが龍神と初めて出会ったのは、箱根神社（神奈川県箱根町）に参拝したときなんですね。白龍が胸に飛び込んできたのがきっかけです。それで、その後、寒川神社（神奈川県寒川町）に参拝したのですが、そのときに鳳凰が入ってきたのです。それって、やっぱりそういうことなんでしょうか。

河合：そうそう、そういうことです。ああ、そうですか。

沖縄の王様が鳳凰なんですよ。鳳凰のマークは王族しか使えないから、他の一般人は遠慮しているんです。

曽根：そうなのですね。鳳凰が入ってきたときは、ちょうどお祓《はら》いを受けていたときだったのですが、座る格好を直されたのです。

胸を張って、肘と膝も左右に張って、とても男らしいというか、威厳のある座り方だったのです。隣にいた母が驚いていました（笑）。

でも鳳凰に誘導されるままに座るとそれが自然体なのです。決して威張っているふうではなく、堂々と座しているというか。今、鳳凰が王族のマークだったということをお聞きして、そのときの様子を思い出しました。

河合：ああ、なるほどね。富士山が火でしょ。鳳凰はフェニックスなんですよ。で、地上ではカラスになる。それで、皇室はもともとアイヌと沖縄の人たちなのです。その国は最期の時期に、沖縄の那覇にありました。

沖縄の那覇は、那国（なのくに）の首都なんです。で、那の支店が、支那（中国）なんです。だから、孔子とか徐福なんかは、みんな日本に来て十年くらい学んで帰っているんです。で、徐福は、日本には契約の櫃（※）があるっていうのを知っているし。それで秦の始皇帝が、契約の櫃が日本に行っているという噂を聞いて、「調べてこい」と言って、徐福は、日本にあることをはじめから知っていたから、帰るつもりがなくて三千人で来たんですよ。

※契約の櫃：『旧約聖書』に記されている、十戒が刻まれた石板を納めた箱のことである。証の箱（あかしのはこ）、掟の箱（おきてのはこ）、聖櫃（せいひつ）、約櫃（やくひつ）とも呼ばれる。（Wikipedia より抜粋）

曽根：そうなのですか。昔、朝鮮半島の南に任那《みまな》っていう国がありましたよね。そこも、那の国の支店のような国だったのですか？

河合：はい。朝鮮半島の南半分は全部アトランティス人ですからね。

韓国は釜山とソウルとでは、僕らにとっては全然雰囲気が違うんです。知花さんもね、アトランティス時代の遺跡が韓国にあると、日本にいてそう思って、実際に韓国に行ったら巨石文化があったのです。

日本にも本当のピラミッドはたくさんあるのに、今の科学者は気がついていないから。まあ、一部は気がついていますね。秋田にあるクロマンタとかね。あれは科学調査してレントゲンをとったら、ちゃんと石の神殿なんですよね。

曽根：ピラミッドも、わたしにとってはキーワードの一つなのです。先ほどから、古宇利島や台湾、鳳凰と龍など、いろいろなキーワードが一致してとてもワクワクしています。

わたしが、光次元の情報を受け取るようになってからこれまでに様々な体験をさせていただいて、そのうちの一つの情報と同じようなことを、どなたかが本に書かれていたり、ブログで書かれていたり、そういう一致ももちろんワクワクするのですが、河合先生とお話しさせていただくと、次々に一致が出てきて、ピタピタッと符合していくので、とても楽しい驚きです。

河合：今、歴史の本っていっぱい出ているけれど、幽界から通信がポッと来てね、それはそれで一応あってる。だけど、それを現実に分析して、どうだこうだと理屈づけるときに、みんな推論なんですよ。だから違ってきちゃう。

曽根：なるほど。

◎二万六千年前のアトランティス崩壊後、日本が世界文明の中心だった

河合：アトランティス大陸が沈んだのは今から二万六千年前なんですね。で、二万六千年ごとの一黄道帯ごとに、ムーとかね、アトランティスとかが沈んだ。そのときの**アトランティスの精神文明のリーダーが、アイヌや沖縄の人と同じ種族のアトランティス人**なんです。

そのとき、ノアの箱船って、実はUFOなんですけれども、日本列島周辺にね、当時、台湾から、先島《さきしま》諸島、沖縄、内地、北海道と、朝鮮半島の内部まで大陸だったんですが、そこにやってきたのです。二万六千年前のことです。それが世界の文明のリーダーでした。だから**二万年前、日本は世界の文明の中心だったん**です。

皇室がつくられたのもその頃なんです。天皇家の十三人の皇子が世界に旅立って、世界の皇室を持っている国が本来は十三カ国あります。十六菊花紋（※）はね、それらの国すべてで使われているんですよ。

※十六菊花紋：菊花紋章（きくかもんしょう、きっかもんしょう）は、キク科キク属のキク（菊）を図案化した菊紋のうち、特に花の部分を中心に図案化した家紋のことである。菊花紋（きくかもん、きっかもん）、菊の御紋ともいう。菊紋のうち、八重菊を図案化した菊紋である十六八重表菊は、日本の天皇および皇室を表す紋章である。俗に菊の御紋とも呼ばれる。（Wikipedia 菊花紋章より抜粋）

オリジナルは日本で、十六っていうのは太陽、菊は日本。日本は太陽ですからね、したがって、皇室の中心は日本。

日本語はね、当時の世界の共通語だったんです。宇宙人からいろんなものをもらってるんですよね。それで、天上界の人類指導する会議体っていうのがあるんですけどね、それをシャンバラの世界っていうんです。

曽根：ああ、シャンバラの世界には、連れて行ってもらったことがあります。

河合：そうでしたか。21世紀には、その会議体のメンバーは、三十三名だったんですが、そのうち三十名は意識体でした。過去に悟った人たちで、人間は三人だけが幽体離脱して会議に参加していました。知花敏彦さんがリーダーで、インドのサイババさんと、ボストンにいる女性です。人間はいつもだいたいそんな比率だと思うんですよ。モーゼは三千二百年前に、人間でありながら、この会議のメンバーでした。イエスは二千年前に肉体を持ってこの会議のメンバーで、この会議はしょっちゅう今の富山県で開かれていたのです。その名残が皇祖皇太神宮（※）です。

※皇祖皇太神宮：皇祖皇太神宮にある『御皇城山　皇祖皇太神宮いわれ』という案内板に次のように書かれている。
「皇祖皇太神宮の竹内文書によると、太古の頃は今の久郷地区（現在の神明小学校西側にあたる）に、位置されていたが、天地大変動により、消滅されてしまい、この時の天照大神が、皇祖皇太神宮を復興するべく、飛騨の位山より神通川を下って御皇城山に再建された。（中略）空海、日蓮、親鸞、伏義、神農、釈迦、モーゼロミュラス、老子、孔子、孟子、除服、キリスト、モハメットタイ等の聖者がこの地を訪れ、人の生きる道を神より教わった場所である。」

お釈迦さんの言っている仏教とイエスの説いているのは、全部宇宙の科学で同じなんですよ。旧約聖書派も、モーゼもイエスも日本で教えて、幽体離脱でしょっちゅう来てるんです。特にイエスはね、三十何歳で十字架にかかってね、一ヶ月イスラエルにいた。あとはインドのカシミールに移ってね、そこで六十七歳で上に帰ってるんですよ。で、上に帰る時は彼は死体を残してないんですね。その間、幽体離脱で、もうしょっちゅう日本に来ている。それが猿田彦。で、モーゼはね、七福神の頭の長い人。福禄寿がモーゼで大黒天がイエスです。

溝口：曽根さんは、猿田彦にも導かれているんです。

河合：ああ、そうなの？

曽根：はい。猿田彦神の姿を見たときに、鼻の高い、肌が少し赤く見える白人で、髪の長い白髪の男性なんですね。よく天狗さんに似ていると言われますけれど、あそこまで赤くなくて。いわゆる白人男性です。それで「イエス・キリストと似ているな」って、ずっと思っていまし

た。（笑）

河合：イエスは日本にしょっちゅう来ているし、僕の先生の知花さんは、聖ヨハネなんですよ。聖ヨハネも過去はピラミッドを造ったトートですからね。悟っています。イエスは猿田彦、知花さんは天日鷲命（あまのひわしのみこと）なんです。だから聖ヨハネは鷲なんです。

知花さんもモーゼもイエスも幽体離脱で来てるから、ユダヤの聖書の十支族も全部日本に来るのが当たり前なんです。逆に**契約の櫃は日本から渡った**んです。で、**四国にいる人たちがユダヤ民族のリーダーで、中東に渡った**んです。

溝口：逆なんですね。

河合：そう、逆なんです。だからユダヤが「日本人はイスラエルに戻る」なんて言っているのはとんでもない話です。

20世紀は、十二名の人類の指導者が派遣されたんですが、そのリーダーが知花さんで、そのうちの4名が日本人なんです。そのうちの2名が沖縄の人なんです。だから沖縄が中心なんです。

4　かつてない大激変の渦中で最も大切な感覚・意識とは何か

◎変容するスピード――平安時代の1年が今の1日

河合：今天上界が必死なのはね、中国人についてなんです。今、最後の審判の最後のタイミング。このまま行くと中国人はほとんど生き残らない。金、金、金、金で。だから天上界は必死になって人々の意識を上げようとしている。今ね、時間がすごく速くなってきています。

曽根：はい。そうですね。すごく感じています。

(A) 平安時代の時間の波

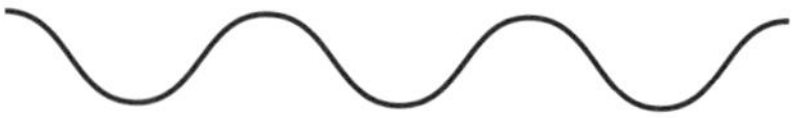

(B) 現代の時間の波

河合：だからまあ、色々とね、悪があっという間に消えるんですよ。**平安時代の1年間がね、今の1日**なんです。速いでしょ。平安時代はね、こういう波（A）だった。3個でしょ、今はね、こう（B）なんですよ。だから時間が速い。相対的に速い。ということは、昔は悪いことをして反省する間があったけど、今は反省する間がない。だから、わら人形をつくって釘を打って、打った途端に本人がやられる。殺そうと思った瞬間に本人が殺される。だから反省する暇がないんですよ。

曽根：はい、今、本当に速いですよね。逆もいえて、セッションをさせていただいても、その方の視点の変わりが速いのを感じます。ご本人に気づきがあると、視野が広がるというレベルではないのです。視点が変わります。それは物事の捉え方が変わりますから、大きな違いです。生き方さえも変えてしまうほどのものです。

河合：幽界っていうのは意識界だから、もっと速い。だから反省する間がないから、そのかわり例えば、中国政府は人民を搾取しようと思ったら、政府はやられるんですよ。もうそういう時代に入ってきたの。そうするとね、今、最後の審判は、全員、一人ひとりに来る。このまま行くと多くの中国人は闇に飲み込まれちゃうんですよ。生き残れない。

溝口：四次元と同じですよね。瞬時に想念がもう返ってくる。

河合：そうそう、これからますますそうなるから、悪いことをした人は消されるの。100%返ってくるわけ。全知全能の世界が一人ひとり判断していますから。

◎子どもたちの開いた意識を護り、人心と地場を清めていくこと

溝口：そういう世の中で、河合先生や曽根さんの「人類はこれからどうしたいのか」っていうところに結びつくんですね。

河合：だから曽根さんのように見えない世界の龍神だとか、そういうときに天上界が人類をどうしたいのか、具体的に何をやっているのか、そういう情報を持った上でね。あとは、絵本な

んかをお書きでしょう。今の小学生はわれわれよりはるかにレベルが高いんですよ。21世紀に生まれているからね。子ども達は生命エネルギーの存在を知っているのです。だから今、小学校の先生にね、菜の花が咲いているけれど、どういう力が花を咲かせているの？　って。そんなことといっても先生は命を知らないからね。花を見たら綺麗と思いなさいってだけ。先生は何も知らない。もう十年以上前から、小学校の先生に訊《き》くと、小学校1年生から授業になってない。子どもは本能的に全部知っているけれど、大人はなんにも知らないんです（笑）。

曽根：そうなのですね。わたしは子どもにもヨガを教えているのですけれども、龍の話をする子どももいます。

「龍っていうのはね、いろんな色の龍がいてね、何色の龍はこういう龍。何色はこう」とか。

その子のお母さんから伺った話ですが、ある日、龍神のお札を神社でいただいて帰り、自宅の天井近くに祀ったそうです。小さな子どもには見えないような高い所です。子どもはすでに寝た後のことだったので知らないはずなのに、朝起きると

「龍が来てるよ」

と。その子は、龍が家の中にいるのが見えたのだそうです。また別の時には、

「龍は神様のお遣いだからね。お水は神様より下の所に置いてあげてね」

と言ったそうです。神棚のお水よりも下に置いて。ということですね。その子以外にも
「僕は昔、龍で、空を飛んでいた」

とか、

「今、ずっと、龍が僕の周りを飛んでいた」

とか。今、そういう子どもたちは、昔より増えていると思います。

河合：龍は人間よりはるかに上なんだけど、天上界ではない。天と地だからね、地なんだね。水なんですよ。だけど**龍は天上界とつるんでいる**んでしょうね。天上界も自分ではできないから、人間を使ったり、龍を使ったりするんですね。

曽根：なるほど。確かに〝**光は龍脈で、龍脈は水脈**〟と龍神に教わりました。**天（光）と地（水）をつなぐ龍**と捉えることもできますね。

河合：まあ、結局天上界は、日本の中心は沖縄で、沖縄の7つのチャクラの曇りを取らないといけないと。取ったら世界は素晴らしいことになる。取らないと世界はもっとダメになると。だから、ちょっと地場清めをしないといけないんですよね。

曽根：はい、わたしも光のエネルギーのラインを繋げていくお役目があるようです。

河合：ああ。これからできれば時々、沖縄と、古宇利島の7つのチャクラね、そこに座って龍を呼べばいいいんですよ。そうすると龍は全部清めてくれますからね。いろんな方法があるはずですよ。

曽根：近いうちに古宇利島には行ってこようと思っています。龍神が教えてくれたところはひとおり。

河合：斎場御嶽《せいふぁあうたき》は、結局観光客が行ってエネルギーを落としています。本当は入れちゃいけないんですね。そこはノロが線香をあげている場所でね。でもノロとユタは、今、幽界と繋がっちゃっている。今、ほんとのノロはいないみたい。
だけど、うちのスタッフのお母さんがね、十三歳のときにノロになりませんかって声をかけられて、その目的は、何か龍の玉があって、その玉を護るためにノロになるって。だけど十三歳だから、親が可哀想だからって断ったのね。

それで曽根先生の、この『龍の玉』っていうのが、ああ、やっぱりこういうことなんだと。沖縄のどこかにあるんですよ。でも、どういう意味で護ってるかってノロは知らないかもしれない。もう本当のノロじゃないから。

曽根：そうなのですね。
観光でエネルギースポットと呼ばれる所を訪ねるときには、神社の参拝もそうですが、まず**「叶えてください」ではなく「ありがとうございます」の感謝の気持ち**が大切ですよね。そうすると心が静まり、自然と次の幸運も舞い込みやすくなると思います。自分のためにも、場のエネルギーを落とさないためにも、心がけて頂けるといいですね。

5　植物の力を借りながらこうして光のエネルギーを取り込もう

◎2016年からさらに強まる光と植物エネルギーの重要性

曽根：ドラゴンと共生していた社会で、わたしはドラゴンライダーとして役割を得ていたときがあったのですが、その世界は、今の地球より精神文明の高い世界でした。それでも闇が増してきて、ちょうど過渡期みたいな時だったのですね。そのときに**世界を護るために統治機構が大切にしたのが、光と植物**でした。

河合：なるほど。

曽根：その世界では、「**光の中には情報がある**」「**光の中に精霊も生きている**」と。そして**光か**

ら情報を得て助けてもらうんです。

例えば、光の力を借りたヒーリング。その方の心や体、魂の状態をみながら、その方にぴったりの光が贈られるように、光次元と意識をあわせます。そして、光次元から直接、その方の元へ光が届くようにしていきます。

もう一つはリーディングです。光の中の情報を読み取って、例えば過去世療法の場合は、今をよりよく生きるために過去に焦点をあてて、過去の思いや、思い癖を解き放っていく。

そういう光の情報の活用方法があります。わたしもそのときの方法で今もセッションをさせていただいています。


あとはセッションなどでなく、単純にとにかく**光を光として浴びるということも大切**です。太陽光などですね。そうすると自然と、例えば、わたしもそうだったのですけれども、まずお肉が食べられなくなる。そして、だんだん食べなくても大丈夫という状態になる。知花さんもそのようなことを経験されたとお聞きしましたが、それと同じような感じだと思います。食べなくても光から栄養分を得ているわけです。

河合：2013年から、地球にすごいエネルギーが入ってるんです。で、2014年はもっと強くて、2015、**2016年と続く**んです。

曽根：わたしも光が増しているのを感じます。だから、本当にたくさんの方にその光を意識してほしいと思います。そうすると**体がより光に近いものしか受け付けなくなります。**つまり**光の体に近づいていく**ことができます。

ドラゴンの世界でのもう一つの重要なこととしては植物です。植物っていっても緑の葉を持つものだけではなくって、発酵したものとか、微生物のことはすごく言われていました。あとは、鉱物とか、石ですね。そういう**植物的なエネルギーを持つものの力を借りるということの大切さ**が言われていました。

河合：ああ、そうですか。鉱物もね、バクテリアの死骸の塊なんですよ。

曽根：ああ、だからなのですね。そういうものも全部言われていました。

河合：宇宙空間は全部バクテリアなんですよ。電子顕微鏡で見えるものと見えないものもいるんですよ。素粒子っていうのは実はバクテリアなんです。それがものすごい大きいものから小さいものまでいてね。で、宇宙空間にバクテリアがいるから、光と電波が飛んでくる。真空だったら何もこない。

空気中も全部そうです。水も全部。土も全部。人体も全部。ソマチッド（※）っていうのが今流行ってってね。あれもいろんなところにバクテリアがいるという考え方。**バクテリアは人間の心を100％読みますから、植物は全部テレパシーができる**。で、**高級意識体、全知全能の世界から、彼らは情報をもらってる**んですね。

※ソマチッド：ソマチッド（ソマチットの表記もある）とはフランス系カナダ人のガストン・ネサン（1924年—）が「ヒトの血液中に極微小な生命体が存在する」とした仮説のこと。もしくはその生命体のことを指す。（Wikipediaより）

曽根：なるほど。ドラゴンの世界では、**植物は光を生かすエネルギー**として考えられていました。

河合：はいはいはい。植物や動物は絶対にマイナス発想をしないんですね。人間だけがするの。

◎コスモ細胞に宿る全知全能の力を光のエネルギーで引き出す

溝口：まさに光ですよね。発想がまさに。

曽根：そうですね。

河合：それで、**命っていうのは、光のエネルギー**なんですよ。

曽根：そうですね。**人間も光**ですね。

河合：そうです。だから、にわとりが先かたまごが先か。

光エネルギーって、まず創造主の光エネルギーしか本当はないんです。一つしかない。だから心は一つしかない。で、その**創造主の１００％完全遺伝子を、人間は全員もらってる**んです。人間、地上界に生まれなさいって上から言われたときに、両親は自分で決めるんですよ。

そうすると父親を決めるでしょ。すると創造主はその父親の精子のひとつに、コスモ細胞っていうのですが、それを埋め込むの。そうすると全知全能なんですよ。それでその精子だけが結合するの。それで結合して細胞分裂が始まるでしょ。それは心臓の後ろにいて全知全能だから、胎児の肉体を全部創るんです。で、おぎゃあと生まれても心臓の後ろにいて、それが本当の命なんです。全知全能なんです。で、それを良心、本心と、こう呼んでるんです。それは全員持っているから。全知全能を全員持っているんですよ。それは自分の内で聴くしかないんですね。

曽根：ああ、心臓の後ろにあるっていうのは、すごくよくわかります。わたしも個人セッションをさせていただくときに、やっぱり心臓の後ろに手をあてるんですね。

河合：ああ、そうですか。

曽根：そうしたら、その方の今のエネルギー状態もわかるし、光からの情報やエネルギーも入ってきやすいのでそうしています。

河合：そこは全知全能でしょう。だから知花さんは、この地上界に出てきてね、命は一つしかないからテレパシーできるっていって、結局ジャングルで13年間いてテレパシーができるようになったんです。だから、お釈迦さんとかイエスとテレパシーができるから、全知全能の世界から、瞬時に答えがもらえる。

曽根：はい。すごくよくわかります。わたしはジャングルには行っていないのですが（笑）、すごく気のいい公園が自宅の近くにありまして、そこに毎日、早朝に散歩に行っていました。5時や6時など、すごく朝早いので、より気が整っている時間帯でした。

そこで太陽のエネルギーはもちろん、大地のエネルギーや植物のエネルギーをもらいながら体を動かして、ある種の瞑想をしていたのですね。そうすると、まず植物からそのテレパシーのようなもの、情報ですね。それを受け取るようになりました。

今は、光が強くなっている分、ジャングルまで行かなくても、ある程度、開きやすくなっているのではないでしょうか。わたしの場合は、初めて情報を受け取ったときは、今思えば頭で受け取るのではなく、全身で、感覚で受け取ります。魂が感じ取るというのでしょうか。

だから体が反応して食も変わったのだと思います。**やはり光のエネルギーですよね。それによって浄化されて、人間が本来持っている眠れる力が目覚めていく**のだと思います。

河合：ああ、そうですか。そういうふうに天上界、霊界から情報をもらえるようになると、あとはね、今そのシャンバラの世界っていう天上界が今人類をどうしたいのかっていう情報を入れるといいですよ。自分がそういう世界を知りたいっていうと、そういう情報が入ってきますからね。で、それを知ると何をやってもね、全部天上界が援助してくれるんです。

曽根：そうなのですね。意識してみます。確かに、これまでそういう順をたどって体験させていただいているように思います。サナトクマラ様とご縁があるのですが、シャンバラに連れて行ってくれたのもサナトクマラ様でした。

河合：サナトクマラは五十万年くらい前じゃないですかね。人間で一番偉大なのはイエス。十字架にかかった段階で7段階に上がった。まあ猿田彦ですね。

キリストとブッタを通さないと誰も天に帰れないっていうのは創造主と一体になった人そのものがキリストとブッダなんですよ。サナトクマラも創造主なんですよ。創造主は一人いて、先生は一人しかいない。あとはみんな分身だ。だから、そのへんが人間はわかりづらいところなんですよね。

イエスはその前はクリシュナですよ。クリシュナがクリストになるんです。西洋流になるとね。それで、イエスのクラスになると、二千五百年に1回出てくる。知花先生クラスは千年に一回。

大黒天っていうのがいるでしょう。大黒天っていうのはシバ神でイエスです。だからサナトクマラ系なんですかね。クマラはシャンバラ系です。人間一人にね、高級意識体は三十体いるんですよね。

曽根：そのときに必要な人がメインで守護したり、指導したりされているのでしょうね。ちなみにサナトクマラ様は、光の体でした。

河合：ふうん、そうでしょうね。

曽根：はい。光の波と粒子で体ができていて、そして軽やかで、「ああ、これがライトボディだ〜」と思ったのです。それで、そのときに、こういうふうになるにはエネルギー上の浄化などがもちろん必要なのですけれど、三次元的なアプローチの仕方というのも教えてくれました。

ところで、わたしは、スサノオもすごくご縁があるのですが……。

河合：ああ、そうですか。僕もスサノオ系なんですよ。

曽根：そうですか！

河合：なぜ光が2013年から強くなったかというと、**人類は、今まで感情タイプだった。これから、理性タイプにする。**で、**理性タイプに進化させると、ファイナルが霊性タイプ**だと。

曽根：はい、わかります！　それ、まさに、今、スサノオ系の存在が来て、わたしに教えてくれていることです。（※）

※感情を手放した種族が現れメッセージを伝えている。その種族を連れて来ているのがスサノオ。ヒカルランドクラブの連載に掲載されている。http://hikarulandclub.com/category/serialization/platinumdragon/

河合：ああ、そうですか。

◎植物は光を発しているということを科学者は知らない

曽根：また一致しました。ところで、光と植物というお話をさせていただいたのですが、光と植物が大切だというのは、地球型の世界ではきっと普遍だと思っています。

河合：植物が光合成で酸素を出すでしょう？　あれはね、世間は葉緑素というのが光合成するっていうけれど、そうじゃなくて植物の葉に住んでいるのは男のバクテリアなんですよ。この男のバクテリアが酸素を出している。女のバクテリアは水素です。それでね、酸素と水素で水ができるでしょう。学者は酸素も物質だというけれど、結局、アインシュタイン流にいうと、エネルギーと質量。酸素はエネルギーですから、実は気体で光なの。物質じゃない。だから**光合成はね、酸素という光を作っている。この光で放射能は分解する**んです。**植物は光を出している。**それを科学者は知らない。

曽根：ああ、なるほど。ドラゴンの世界でも、「植物は光を生かすエネルギー」と言われていましたが、自分の感覚としても、植物によって光が育まれたり、光を増したりする、という感覚がありました。それは、そういうことなのですね。

河合：酸素は光で気体なんです。それを今の科学者は知らないんですね。で、今の科学者は物理学と化学で、量子力学っていうのは観察だから、目で見えるものだけしか分からない。そうすると、酸素も水素も見えない。酸素は本当は原子で、水素は電子なんです。それでエネルギーっていうのを見たことがある人は今までいない。エネルギーも見えないし、そこには実は3つの法則が働いてる。で、法則は絶対みえない。だから、今の科学は0点なんです。だけど科学者はＩＰＳで細胞を作れると主張する。だけど人間にはね、血液一滴、細胞一つ絶対に作れない。それらを創れるのは、さっきのコスモ細胞だけなんです。それを知らないんです。

曽根：ああ。感じればすごくわかると思うのですけれど……。わたしは、物理とか量子力学とか、まったく不勉強ですが、でも光を感じるとビジョンとして光が見えて『ああ、光には波と粒子がある』というのをすごく感じていたんですね。

それで、科学の本などで改めて光について調べてみると、光は波動と粒子でできているということが書いてあって。やはりビジョンで見える通りだと。だから、感じさえすれば、自分では知らないと思っている科学もわかるものなのだなと。

これが科学をしっかり学んでいる人や、科学者であれば、何でも分かるのじゃないかと思いました。

河合：科学者はみんな見えるものしか信じない。だから物理学と化学しか追っかけてないんですね。人間の知識っていうのは目とか耳とかね、物質から。物質をみて、物質からもらってるんですよ。物質には必ず始めと終わりがある。だから消え去る。**人間の知識は消え去るものか**

らもらってる。それに対して宇宙は永遠なんですよ。だから永遠のものと一時的にしかないもの、これ仮相なんです。そうすると人間の知識は実は仮相だからね、あの世には実は持って帰れない。それをね、科学者はまったく知らない。だからまあ、人間って自分が知ってることは知ってるけれど、自分が何を知らないかを知らない。

曽根：そうですね。

◎カルマの刈り取りにとらわれず、今は病気も即治す直観スピード時代

河合：だから、人間の科学はね、100点満点とすると、せいぜい5点か6点。微生物学会も微生物の働きを知らない。男のバクテリアは何をして、女は何をしてって。だからそれを知らないということは、自然は全部微生物が作ってるから、自然科学は成り立ってないんです。

僕は、サラリーマンをやっているときは、会社の中ではこの話は一切しなかった。そんな話をすると「あいつはおかしい」となる。だから今の子どもとかね、感情タイプから理性タイプ

になると、見えないものもなんとなく感じるわけですよ。生まれ変わりがあるということを信じる科学者も出てきたし、見えないものがある、って。結局優れた科学者は、この自然界には何かとんでもない智慧が働いてると、それは神という智慧じゃないかと、それを、サムシング（何か）、グレート（すごい）なもの、がある、っていう。

昔アポロ計画で月まで行ったでしょう。アポロ14号で月に行ったエドガー・ミッチェルさんという方と三日間話をしたんですね。そうしたらね、月に行った宇宙飛行士は全員ＮＡＳＡをやめるんですよ。でも、スペースシャトルに乗った宇宙飛行士は、１００％ＮＡＳＡに残りたいと。

月にはものすごい正想念っていうか、光のエネルギーがすごいんですよ。そうするとね、細胞が全部洗われて、感性がすごく高くなる。「月はすごい智慧に満ちている」と。

まあ智慧といっても、英語ではインテリジェンスとしか言わない。でもこれは全知全能の智慧で、それに比べたら人間の科学は取るに足らないって、月まで行った全員がそう言う。だけど戻ってきてそんなことを言うとＮＡＳＡは予算とれないから怒られるでしょう。それでもう人間のレベルは低いと。だから月に行った宇宙飛行士は全員ＮＡＳＡをやめるんですよ。で、スペースシャトルの飛行士は全員名誉職に残りますとか言うんですよね。この違いなんです。

その宇宙飛行士にどうやってその智慧をもらうんですかと訊いたら、彼はintuition、直感力（直観力）って。で、彼は地球に戻って直感力（直観力）を養成するんです。

曽根：ああ、そうなのですね。月の光は本当にものすごいエネルギーがありますよね。もちろん月面に降りるのとは全然違うでしょうけれども、それでも、この地上に降り注ぐ月の光でもとても浄化されますものね。

河合：地上界に来るだけでね。

曽根：はい。

河合：だから龍のエネルギーっていうのも、すごいエネルギーなはずだから、だから**龍を呼ぶっていうことは地場調整してるっていうこと**なんですよ。

そのエドガー・ミッチェルさんもね、日立で市民ホール落成記念の宇宙シンポジウムっていうのをやったんですよ。日立に御岩《おいわ》神社っていうのがあって、天狗の伝説がある山なんですね。そこに市がミッチェルさんを連れて行くんです。彼はそこで龍をみたのです。「おれは何しに日本に来たのか、ああ、日本の地場を調整するために来たのだ」と。

曽根：へえ、そうなのですね。月にしても龍にしても、そこから発せられるエネルギーは本当にその場を清めるし、人間の心や体、魂も清める手助けをしてくれると思います。

病気で亡くなる方など、あらゆる思いを溜めて亡くなってしまう方って多いじゃないですか。例えば、過去世に辛い思いをしたまま亡くなって、それをまた、今世も同じことを課題として生まれてきて。でもそれを、今は、もう**持ち越さずに清算する時期に来ている**と思います。それが、**理性タイプになっていく**ということでもあると思います。

河合：知花さんはね、いろんな人からこの人の病気を治してくれって頼まれてね、その人の指導霊に治していいかって訊くと、ほとんど、やっぱり治さんでくれと、カルマの刈り取りだと。

ところがね、今、21世紀は違う。即、治しなさいと、そうしないと進歩しないと。

曽根：ああ、やはりそうなのですね。本当にそうですよね。

河合：肉体に何か病気の症状があると、心が解放されない。そうすると、心や肉体を治さないといけない。体のストレスが全部なくなると、それで初めて心が解放されて、みんな前向きになるんだね。

曽根：やはりストレスが病気を作っていますものね。ストレスによって思いや心が重くなって鬱《うつ》っぽくなるとか、体に極度のストレスがかかり硬直するとか。震えが起きていることもあります。

だからこそ、わたしは**ドラゴンの世界で言われていた光と植物というキーワードに、ぜひ多くの方に耳を傾けてほしいな**と思っています。**光を浴びるもよし、光の情報から過去世やインナーチャイルドを癒すもよし、植物の力を借りて浄化するもよし、**とにかく、**心・体・魂を清めるということをしていただきたい**です。

6 子どもたちに今伝えたい！ 見えない世界への超感性を磨くこと

◎神秘をすべて明らかにする宇宙科学を子どもたちに教えるとき

曽根：光ってどこで繋がるかっていうと、人間の場合は、やはり潜在意識と繋がりますけれど、その潜在意識を認めるというか、育んであげる教育っていうのも必要だと思います。

河合：はい。子どもはみんな、それを知っているからね。だから、それは科学的にはこうですよ、心には潜在意識と超意識とがあって、本当の霊体って……というふうにね、それを全部科学的に本に書くといいと思います。

曽根：わたしも科学的に説明する時は、顕在意識と潜在意識と超意識といって、説明しています。

河合：うん。知花さんはね、この見えない世界の原子と電子に働く法則、酸素と水素に働く法則、これが神そのものだと。**宇宙科学の世界っていうのがあったら、神秘っていうのはない。全部説明できる。**幽体離脱はこういう現象ですよ、とかね。生まれ変わりはこういう現象ですよ、とか。だから、**神秘が全部明かせる時代**になっている。そのために、徹底して科学として教えてくれたんです。

今、子どもほど感性がすごいからね、子どもにはそれはスーッと入ってくる。学校教育はみんな間違ったことしか教えない嘘の教育だからね。だから、それをどうやって話すかですね。例えば龍っていうのがそう言っていますって言えば、すごい説得力がある。

曽根：そうですか？　それこそ「あいつは頭がおかしい」って会社で言われるようなことですよね？（笑）

河合：うん、でも「龍っていうのは、ちゃんと存在してるんですよ」って言えばいい。今の人はね、言葉の中身で判断するから。結局今、理性的に進化してるでしょ。二十年前の知花さんのセミナーがあったときから、僕も教育関係をやってるけれど、昔はね、みんな全然わからない。だから、十年その話を聞いた人も、まったく中身を分かってない。だけど今は、もう年々ね、人々が進化してる。その進化の加速度もガーッと上がっている。

曽根：「科学が霊性を発見するとき（※）」っていう言葉があるのですが、まさに、今、そういう時代だなと思います。

※小説『アミ　小さな宇宙人』に、「第11章　科学が霊性を発見するとき」とある。

◎世界一繊細で表現豊かな日本語と意識・ビジョンの感覚を育む

河合：だから、これからは、分からない人はあと二年で淘汰《とうた》されちゃう。しょうがないよね。本人の問題だから。だけど生まれ変わりの回数が少ないから、本人の責任じゃない。

でも**日本民族が一番生まれ変わりの回数が多い**んです。次がユダヤ民族。だから天上界はみんな日本人を中心にしている。これから世界は日本人がリーダーなんですよ。

日本語っていうのは言外の意味が多いでしょう。それを英語では絶対に表現できない。日本語は「はい」って言ったって、何通りもの意味があるからね。だから知花さんを通してイエスとか創造主がしゃべったことを、今のうちの若いスタッフに見せたら、全部言葉を直すんです。で、直したら、何を言ってるかわからないんですよね。

要するに、彼女達はデジタルだから。日本語には言外の意味が三分の二くらいあるけれど、それが彼女達は分からない。それで一番単純な意味にしか訳さないから、こっちから見たら、こんな簡単な言葉にしちゃったら何を言ってるか逆にわからないよ、と。創造主がしゃべった言葉だから、完璧な日本語をしゃべってるはずなのね。でもそれが、今の若い人には分からない。

だからとんでもない時代。逆に今の小さな子どものほうが分かるよね。変に日本語を習ってないから。で、今の子は、どこの子も3歳までは意識体と会話してるからね。12歳以下の子どもは精霊を観ることができるんです。

でね、**本当のシャーマンはね、高級意識体から情報を映像で学ぶ**んですよ。だからすごく正確です。ものすごく精密な絵を描くわけ。それを科学者は「あいつは幻覚症状だ」って。きちっと情報をもらってる証拠なんだよね。

曽根：ああ、はい。本当にそう思います。わたしは精密な絵は描けませんが、ビジョンはすごく見せられるんですね。「百聞は一見にしかず」じゃないですが、やはりビジョンを見せられることですべてを受け取ることができます。

例えば、どういうふうに佇《たたず》んでいるかによって、その状況や気持ちまで理解させられる。**ビジョンの中にすべての情報があります。**

それからビジョンにプラスして、意識が流れ込んでくる感覚もあります。それを人に伝えるときには、日本語に変換している感じです。

感覚としては、例えばサナトクマラ様だったら、サナトクマラ様が言っているような雰囲気の言葉に自然と訳しています。訳しているというか、流れ込んできたものを表現すると自然とそうなるというか、説明が難しいのですが。「あなたは」じゃなく「そなたは」という言葉に表現していたりとか。

河合：うんうん、わかりますよ。

曽根：それで、そのときのサナトクマラ様の状態にもよって、強い口調だったり、柔らかい口調だったり、そういうものも、感覚とビジョンとが流れ込んできて、そこにポイントで音が入ってきます。例えば龍神が今回伝えてくれた「ナゴ」とか、そういったものが一度に伝わってくるのですが、中でもビジョンは本当に様々なことを伝えてきます。

河合：**天上界はね、同じ事を少しずつ、少しずつ変えながら伝えている。**そうするとみんな同じ事を言っているって思うけれど、それは人間の常識で理解しているからです。でも五十回聞くと、それぞれ全然違った受け取り方をしますよ。こういう意味なのかってね。

曽根：ああ、わかります。一つの言葉やビジョンに、本当に様々な意味を込めているっていうことも、すごく感じています。そのときに受け取った人の状態によっても違うから、毎瞬違いますよね。

河合：うん。だから日本語っていうのは世界で一番「意味」を表す言葉なんです。だから「真理」って言ったら、本当の理とかね、神の理とかね、だから英語では絶対にその意味は表せない。言霊の意味ね。だから今学校でそういう教育をしないのね、きっとね。

曽根：子どもこそ、そういうことが感覚で溢れているから、そのときに教育してあげると本当はいいですよね。

河合：子どもは真実を、小さい頃は映像でもらってるからね、だから文字は映像でもらうから、いっぺんにかけちゃうよね。大人は「はい、書き順」って（笑）。

曽根：ルールから入るみたいな（笑）。

河合：だから、小さい子ほどビジョンの時代の感覚だから、大人のデジタル用語はもうダメなんですよ。

◎肩の力を抜いて心を整えることの大事さを今の子どもは知っている

曽根：さっき、これからは理性タイプになってくるっておっしゃっていたのですが、スサノオとか、スサノオが連れて来てくれた宇宙の存在とかに聞くと、やはりこう、感情を手放しているんですね。**感情をある程度手放して、それで常に冷静にいられるというタイプに進化**したそうです。

河合：うん。人間でいえば、人間付き合いとか、常識の付き合いとか、常識の家族付き合いはできなくなる。理性タイプだから、みんなのことを、ちゃんと同じに見ちゃうからね。まあね、これを文字で表すのは難しい。例えばね、お釈迦さんとかイエスはね、文字をひと言も残さなかった。無限大の真理はね、言葉では言えない。

曽根：はい。そうですね。

河合：だから、方便でしか言えない。たとえでしかね。だから、ニュアンスが全部わからない。まあ、そういう時代ですから、今、文字で書いてもね、本当の意味は分からない。

曽根：わたしが光の存在からメッセージを受け取るようになった初期の頃に、一番困ったのは、強い意志を持って「～をしましょう」という言葉を日本語にできなくて困りました。例えば「～をしなければならない」ではないのですが、でもそれくらい強い意志を持って、サナトクマラ様などが伝えてきている。でも、「ねばならない」ではない。かといって、「～をしましょう」のような柔らかい言葉でもないのです。だから、それを表す言葉がないと。そういうことは感じていました。

河合：ああ、なるほどね。聖書の三分の一はね、イエスがありとあらゆる病気を治したことが書いてあるんだそうですよ。そうすると例えば神経痛でね、肩の痛い女性とかいうのは、実際にエネルギーを流すと「ああ、もう痛みが取れました」とか見せないとダメなの。でもそれだけでもだめ。「なぜ」というのをちゃんと説明しないと。その人間の常識で話す理屈は全部間違いなのだけど、嘘なんだけど、それを少しずつ少しずつ分からしていかないと、いっぺんに言っても、わからないから。

曽根：わかります。わたしも、例えば、ある人がおできのようなものができて、それを消したいと。そのときは、調和の光のエネルギーをそこに流して、そうすると自然と溶けていったのですね。そうすると「何がどうなって、おできはどこにいったのか」と。それで言葉であえて説明するなら「こういうことです」と、でも言葉にするのは難しいですね。

河合：納得しないんですね。ちゃんと科学的な説明をしなさいと。神秘っていうのは、全部実は科学だからね。十年前はね、宇宙の科学って言うとみんなそっぽ向いたけどね、最近は良心本心で聞くから「聞いたことがないけれど、ひょっとしてあり得るかな」と、そういう感じに変わってきているわけね。だから二十年前と今とでは、すごい進歩をしてきてるわけですね。

ここへ来てエネルギーが強くなっているから、そうすると弱い人は病気になって、結局肉体が病むと心が切れるのね。だから今、心が切れた犯罪がいっぱい起きている。もう耐えられないからね。淘汰。でもしょうがない。で、感性の高い人はますます感性を磨いている。

だから、その、どういう層に何をアプローチしていくかっていうのは、一番大変で、ピラミッドがあるとね、一番、底辺が多いでしょう。じゃあどの層にターゲットを据えるか。底辺の層っていうのは要するに、初めから箸にも棒にもかからない。強く言ったら怒る。「そうじゃない！」って。じゃあ、その次の層を上に引き上げるのか、それとも更に上の層を上に引き上げるのかって、あと本当に科学として理解できるような言い方をしないといけないよね。

曽根：なるほど。

河合：ただ、やっぱり今の子どもは本能的に知ってるんだけど、今の科学は間違ってるでしょう。だから本当の科学はこうなんだよって教えないといけない。

曽根：そうですね。さっきの子どもの話ですけど、

「夢の中で、新しい電車が走っていてね、空気を取り入れて、その空気の力で走ってるんだよ。そしてその空気を取り入れたら、吐き出すときにはすごくいいエネルギーになって出て行くんだよ」

って言ったそうです。もうそれは、本当のことを見ていますねと。

河合：水素電池みたいなことなのでしょうね。だから今、子どもにね、裸足で野菜を作って、自然にはどういうルールがあるのか教えないといけない。で、今の心の教育っていうけれど、心って何かってことを知ってる人はいないから、今の教師とか文科省を教育してる暇はないから、子どもにいきなり、そういう子どもの教育をしないといけないと。

曽根：ああ、いいですね。ヨガのクラスでは、そういうことを少しでも伝えたいと思ってクラスをしていますが、例えば、普段は「一生懸命やりなさい」と言われる。それはそれでいいのですが、でも一生懸命って、どうしても力が入るんですよね。で、ヨガのあるポーズを取るときに「リラックスしてやってごらん」と。そのポーズは力を入れるとうまくいかないのです。肩の力を抜くとうまくできる。その説明をしたときに、目をキラキラさせて「ほんとだ！」と子どもは言うわけです。「だから心を整えるのは大事なんだよ」と。他にもいろんな話をして、そうすると、真剣に聞いていますね。普段ふざける子でも（笑）。やはり知っているからだなと。

河合：知っている。21世紀に生まれているから。だから、われわれより遥かにレベルが高い。

曽根：はい。

◎植物と会話できる本来の感性を押し隠さないで育ってほしい

河合：植物の根っこは、微生物の死骸で育っているっていうのをみんな知らないから、食えない無機肥料というジャリを与えるのね。そうすると自然界っていうのは優性遺伝のオットセイのハーレムと一緒だから、栄養失調の病気の種を残してはいけないというルールがあって、そこに虫がいる。だから、栄養失調になると虫が食べて、種を残さないようになっている。で、虫を殺すでしょう。今ね、日本中、世界中に虫の異常発生が起きている。それで虫は生む卵をドンドン増やしてる。で、もう今虫に勝てないんだけど、結局儲けのために薬を撒く。それから今、除草剤を撒いても死なない雑草がどんどん増えている。

だから自然を、いかに知らないか。微生物は、僕らなんかも死んだら、あっという間に分解してくれるのね。だから、微生物を知らないっていうのは、自然科学になってないの。で、人間は殺すことしか考えていない。だから微生物は人類への反撃をしている。

だけど子どもはね反撃したらすぐ分かる。感覚として、もう覚えてるんでしょうね。自然のルールみたいなものをどういう形で復旧するかね。

だから、もう先生が見えるものしか信じないから、見えないものの質問をする子は、これはおかしいと。するとね、みんな学校へ来るなって言うのね。豊臣秀吉の時代の田んぼの絵をみると、全体に田んぼがあってね、三分の一だけ作ってる。三分の二は雑草を生やしている。雑草が枯れるでしょう、その枯れた雑草が栄養になる。だから昔はね、今と同じ1反で同じくらいのお米の量を穫っていた。

曽根：そうなのですね。今のほうが収穫量は多いのかと思えば。

河合：雑草のバクテリアを増やして、土に戻す。そうすると自分の土壌に一番合った完全栄養になる。で、根っこはね、微生物の死骸を吸収している。今は微生物にえさをあげてないし、農薬で殺してるしで、もう微生物がいないから、微生物そのものを土壌に戻してあげる。そうすると根から微生物が採れるし、葉っぱには葉っぱのバクテリアを戻してあげて、巨大な葉っぱの育つバクテリアは、そういう栄養分を作ります。

だから例えば、高麗人参の葉っぱのバクテリアが、高麗人参のサポニンを作る。で、微生物はみんな集団生活をしているから、共存共生助け合い、分かち合い、絶対にけんかしない。で、高麗人参の微生物をね、ほうれん草にくっつけてもね、ちゃんと高麗人参の栄養分を作る。これが本当の医食同源の仕組み。

プロの農家など「化学肥料さえやっておけば、あとはいいや」っていう人たちは、植物と会話しようっていう気がないけれど、子どもたちはそういう会話がすぐできるからね。微生物は何をして、野菜はどうやって生きてるんだよっていって、どうしたら喜ぶんだよっていって教えてあげると、野菜ともテレパシーできますからね。微生物は人の心を１００％完全に読んでるんですよ。そういう話を子ども向けにしたほうが早いかもわからないね。彼らは抵抗しないからね。

曽根：きっと、目を輝かせて聞くでしょうね。そういう子どもが、自分が本来感じている感覚を押し隠さないで育ってほしいなと思います。

あとわたしのスタジオの植物系の担当者がよく言っているのは、**石油系の界面活性剤が入っているシャンプーを使っていると、頭皮の毛穴っていうのは一番大きいから、それが全部体に入って子宮に溜まる、**と。

河合：うんうん。きますね。だから、何十年前と比べてね、お母さんの羊水が汚れているの。

曽根：はい。赤ちゃんがその中で育つ。

やはり、思い癖とかもそうですし、病気になったりすることで、その人の魂は沈んでいくことがあるじゃないですか。その中で子どもを育てていたりとか……。

ドラゴンの世界でも、「人心を清める」ということをとにかくしないといけないと。で、闇の勢力というけれど、闇は人の心が生むものだから、だから、人心というのは、心だけじゃなくて、魂もだと。**心、体、魂の三位一体が大事**だというので、**そのために、光と植物、**って言われていたのですね。だから、そういう情報をたくさんの人に知ってもらいたいなと思っています。

◎子どもたちが龍や精霊と会話できる場所をもっと確保すべき

河合：うん。**今の子どもは精霊と会話をできる**でしょう。

曽根：はい。そうですね。

河合：ね。だから、今、精霊のいる場所がね、屋久島は、20%が畑と人が住んでいる場所で、真ん中の80％に精霊がいるんですね。だからここで精霊と会話する会っていうのを作るといいんですよね。

曽根：ああ、いいですね。**精霊との触れ合いは振動数を高くしてくれます**から。

それに屋久島には本当にたくさんいますものね。一度だけ訪れたことがあるのですが、精霊の数が違います。まったく違います。

河合：ああ、やっぱりね。

曽根：言い方が適切でないかもしれませんが、もう、うようよいます（笑）。

河合：そうでしょう。

曽根：はい、で、上高地にもけっこういるんですけれど、人が通るところよりも、その奥の方にいますね。

屋久島にて撮影（曽根史代）。精霊がオーブとなってたくさん写り込んでいます

河合：精霊は、人間嫌いだからね。

曽根：でも屋久島は、本当にうようよいると思いました。**ドラゴンの世界でも、精霊がいて触れ合っていたし、薬草も活用していた**のですね。でも**それを本当に今の地球にも持ってこないと、同じ事をしていかないとダメ**だっていうのは、本当に感じています。

河合：**今、すごい勢いで天上界が動いてる**からね。でも精霊と会話できる場所は、非常に今少なくなっている。古宇利島もほとんどもう畑になっちゃってる。

曽根：はい。すごく残念だなと思うことがあるのですが、子どもたちが、お母さんにいろんなこと、龍のことや、精霊のことなどを話してくれるのだけれど、「でもね、ママ。これはね、保育園では言えないからね」って。ここでしか言えないって。

別のお母さんにお話を聞いたときには、それを、子どもが喜んでいるって言ってくださったのです。どういうことかというと、わたしが、その子の龍の話を聞いてくれたということ自体が嬉しいのだって。

もう、子どもでも、自分の社会の中で「言えない」と。言ってはいけないと感じているんですよね。ママにしか言えないんじゃなくって、言える場があるといいですよね。

河合：それは先生から母親にね、この子はおかしいって話が行くからね。でも結局、物質文明はこれからつぶれますからね。すべての産業は土に還るんですよ。そうすると第一次産業からスタートして壊れた自然を戻して、今、みんな病気でしょう。病気は自分で治すと。ね。簡単に治る。

今、大人はみんな生き甲斐がないけれど、大人はどうせくたびれるからね（笑）。子どものほうに教えないと。生きた命を持った野菜がみんな元気になる。動物が元気になるとか。そういう育て方、作り方と、微生物と自然を元に戻す方法ね、そういうのを教えたほうがいい。
そうすると世界中で自然が破壊されているのも、現代農業の問題っていうのも、みんな解決しちゃう。

7 現代から未来への継承〜エジプトが教えてくれた命の根源の仕組み

◎ホルス神とファラオの霊から見せられた驚きのビジョン

曽根： エジプトのお話を少しさせていただいてもいいですか？

河合： はい、どうぞ。

曽根：最初にご縁があったのがホルス神だったのですが、はっきりとホルス神として現れる前に、あるビジョンを見せられたのが最初でした。

鷲かハヤブサのような鳥がワーッと翼を広げて、それが羽を休めにある山に来たんですね。その山がターコイズブルーのような綺麗なブルーの山で、そこに太陽の光が鷲の翼に反射するようにして空がブルーに染まったんです。そういうビジョンを突然見せられたのですね。で、直感で、あ、エジプトに関するビジョンだと思ったのです。ですが、調べてみると、ネイティブアメリカンにそういう伝説があるらしくって。それで「あれ？」と、「ネイティブアメリカンなんだ～。エジプトだと思ったのだけれど……」と思っていたのですね。その後しばらくしてホルス神のエネルギーがやってきて、ホルス神ってご存知のように、頭が鷲の姿で伝えられていますよね。

河合：ホワイトイーグル。実在の人物です。聖なる鷲。それね、知花さんだ。

曽根：え⁉

河合：あのトート神っているでしょう。そのトートが、ギザのピラミッドを造ったの。それ知花さんなんですね。

曽根：はい。

河合：で、グラハム・ハンコックの『神々の指紋』っていうのはね、主人公はビラコチャとケツァールクアトル。これ知花さんの過去世なの。で、そのあと千年前にね、彼はホワイトイーグルで出てきた。で、『ホワイト・イーグル霊言集』というのが出版されている。

曽根：あ、はい。わかります。

河合：うん。それで、イエスの時代は聖ヨハネ。これは鷲なんです。知花さんの過去世が聖ヨハネでその時代に日本にも幽体離脱で来てるから、日本では、天日鷲命尊（あまのひわしのみこと）っていって、三六九神示にはね、今も「天日鷲命尊は、日本を護る」って書いてある。

で、聖書の中に、「いずれ神がすべての人に解き明かされる時が来る」って書いてあるのを、知花さんが科学として説いた。全部科学です。ホワイトイーグルも、知花さんも、あの人は千年に1回ずつ出てきている。

曽根：へえ。じゃあ、知花さんが、今日こういうご縁を繋いでくださったのかもしれませんね。

河合：天上界は今、総動員だからね。曽根さんの指導霊と僕の指導霊もそれぞれいるからね。もちろん誰かが指令を出してますね。出しているとすれば、知花さんだけど、こうやってやるようにしなさいっていう指令を出してますね。

曽根：それで続きなんですが、鷲のイメージが再び現れたと思ったら、今度は、鷲の頭と人間の体を持った姿だったのです。そのエネルギーが体の中に入って一体になったようになって、あとで調べたら、それはホルス神というエジプトの神様だと。それで、いつかエジプトに行かないといけないというのは感じたのですが……、まあ、昔は辺境の地にも行っていましたが、今はあまり……、好き好んでは（笑）。エジプトにも行きたくないなあと思ったのですけれど、ほどなくして、たまたま誘われて……。まあ、偶然はないので、観念して行ったのですね（笑）。そうしたら、行きの飛行機の中で、いきなりビジョンが流れ込んできて、猿田彦神がまず出てきたのですね。

河合：ああ、イエスね。

曽根：はい。猿田彦神が、昔の軽飛行機に乗って、それが不時着をして、実際は不時着ではないのですが、とにかく、その不時着したところから、何かを出してくれて、それが、わたしが初めて見る形のもので、香水瓶かな？　いや、鍵かな？　って思ったのが、上に○があって、下に十字があるんです。といっても♀のマークではなくて。

河合：ああ！　ホルスの。エジプトのマークね。

曽根：はい。そうなんです。とても綺麗な水色が入っているマークで、「なんだろうこれ、鍵かな？」

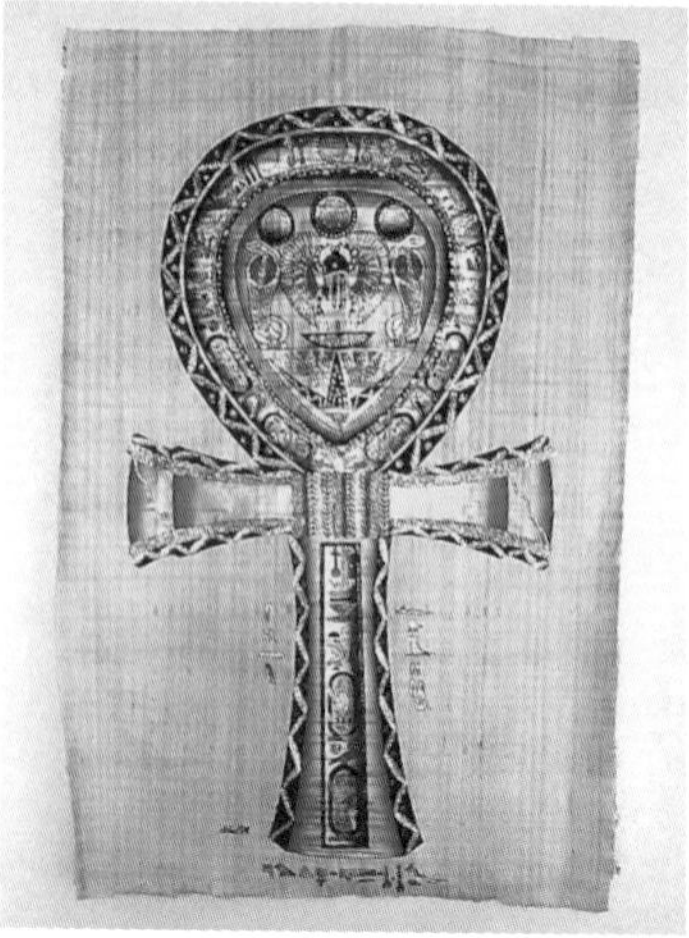

持ち帰ったアンクの絵（龍依が主宰するヒプノスタジオ☆クリスタルハートに掛けられている）

って。で、とにかく、エジプト行きの飛行機の中で猿田彦神にもらったので、

「じゃあ、わたしはこれを受け取りに、エジプトに行くのかな？」

と思いながらエジプトに到着して、最初に通された昔ながらのエジプトの絵の販売所のようなところに、まさにそのアンクの絵が飾られていたのです。

聞くと『生命の鍵』だというんですね。猿田彦神が見せてくれたビジョンでは、飛行機が不時着したのに、猿田彦神はピンピンしていました。だから、なるほど、生命の鍵だなあって（笑）。

それで、その絵は、アンクだけが描かれた大きな絵なのですが、飛行機で見せられた水色が綺麗に入って輝いているんですね。だから、アンクはみんなこんな綺麗な水色が入っているのかと思ったら、そんなことはないというので、

「ああ、それなら、この絵は持って帰らないといけない。猿田彦神が導いてくれた絵だ」と思って。とても大きい絵だったのですが日本に持ち帰ってきました。今思えば、〝人間・生命は光〟↓〝光は水〟↓〝水色の命の鍵〟と、繋がっています。

エジプトの旅の終わり頃には、ホルス神とエジプトのファラオの霊がやってこられました。わたしは、基本的にそういう、まあ、霊さんですね。そういうご縁は結構です（笑）と思っていたのですけれど、でもあまりにも大きなエネルギーで来られて、ラムセス何世というような方で、大きなエネルギーの魂を持った方だったので無視できなくて、で、その方が嘆くんですね。それでまずホルス神が言ったのが

「**エジプトの成れの果てを見よ**」

って。

河合：わぁ〜。

曽根：そしてファラオは、

「わたしは自分のためにエジプトを統治していたのではない。わたしが欲していたのは、民の魂が育つことだ。だけど今の人たちは我欲のためにしているから、こういう世界になる」

と。

河合：ああ、なるほどね。だから、アスワンハイダムは大失敗だったんですよね。何万年も肥料はいらなかった。それが今は流れてこなくなっちゃった。

曽根：ああ。だから、すごく嘆かれていて。

河合：今、争ってるからねえ。カルマでね。

曽根：そうですね。それで「無念を晴らしてほしい」ということもおっしゃっていました。**「わたしはこの国を護りたいだけだった。この国を、この地球を護ってくれ」**と。

河合：だから、まあ、エジプトの時代は完璧に終わっちゃったのね。これから、日本の時代。だからそれはね、どうしていいかっていうのは、まあ、僕はもう上に任せている。要は天上界のプログラムだから。我が内に創造主っているでしょう。そこに全部任せるんだと。それが神道でいう『かんながらのみち』で、全部任せると向こうが全部やってくれるから。

そうすると僕も例えば、コスモ石油をやめてね、で、ある小さな組織を作ったけど、それもやめて農業と微生物。で、そのときに知花さんと大陸沈没を結果的に防いでいたのね。それには余計な仲間がいるとわからないからね。だけどそういうまあ、何をするにしても、自分、人間っていうのは猿知恵だからね、もう上に、創造主に任せる。そうすると能天気になると、ちゃんとうまくいくんです。で、余分な利益は絶対くれないのね。もらうと世界中遊びに行っちゃうからね（笑）。

曽根：（笑）選択をして**心を込めたら、後は手放す**ことが大切ですよね。

ところで、アンクって、他にどんな意味があるかご存知ですか？

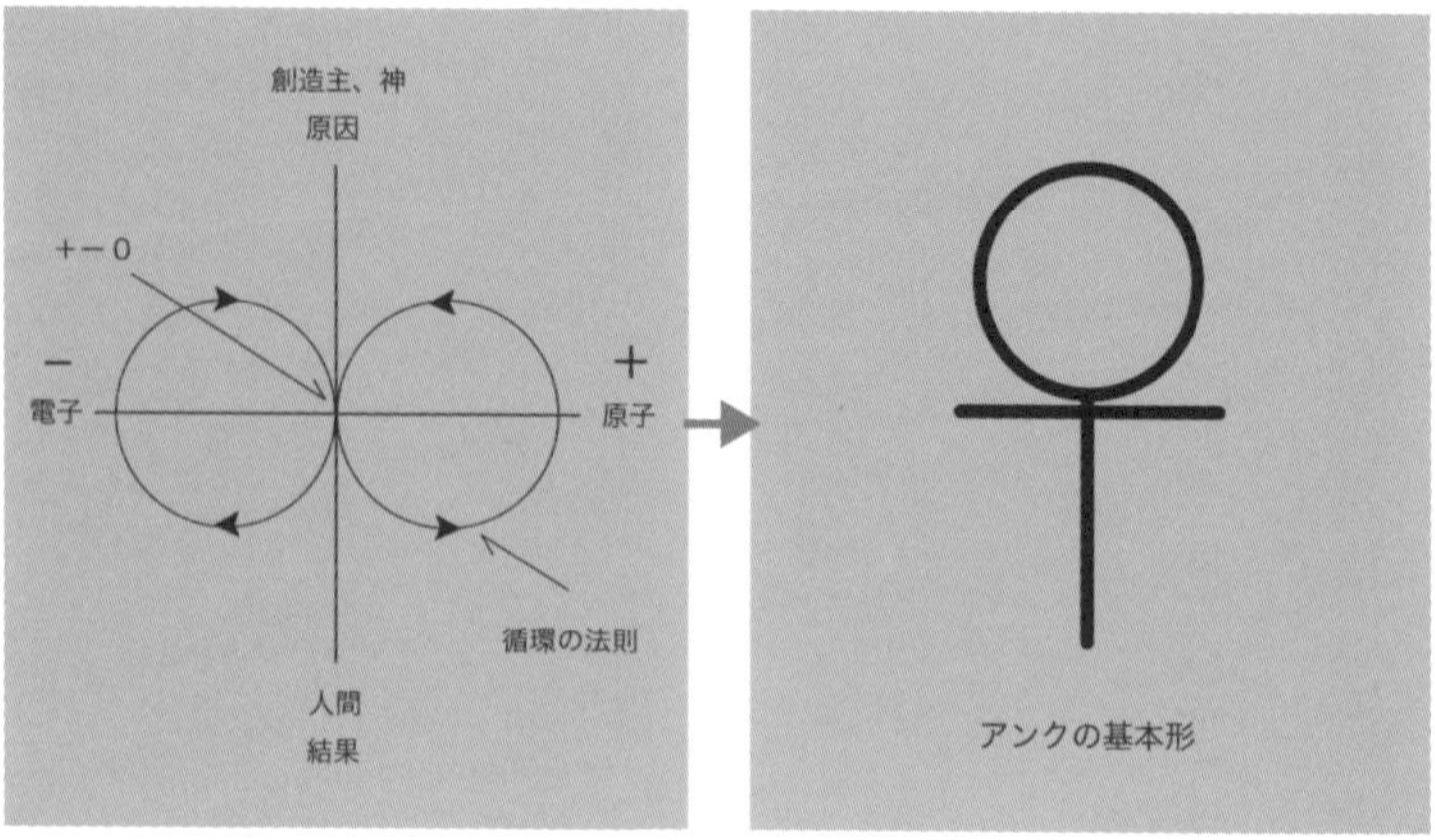

アンクの基本形

◎アンクに秘められた創造主による宇宙の法則

河合：うーん、ちょっと僕もね、わかんないのですけどね、宇宙の法則っていうと、創造主がいるでしょう。原子と電子を作ったわけですよ。そうするとプラスマイナス0。そこから光の二つの回転運動が始まって。これで原子と電子を結合して、原子の数を増やしていくでしょう。そうすると最初に作ったのは水蒸気なのね。で、十字。この十字が陰陽の法則、これが原因と結果の法則。そして循環の法則。この三つしかない。これ永遠の真理なんです。このエネルギーの循環の法則をたぶん上にしたの。それがアンクじゃないかと。キリスト教も仏教もみんな十字でしょう。

曽根：じゃあ、この十字にエネルギーの法則の丸を重ねて上に置いたっていうことですか。

河合：そうそう。そのままの形だと図形にならないから、そうやって置いたのね。「創造主がこういう宇宙の法則を作りましたよ」って。たぶんそういう意味だと思います。

曽根：ああ。ほんとに根源というか。

河合：そうそう。そのシンボル。

曽根：それを、エジプトに行く前に見せられたんですね。

河合：見せられたんだね。リハーサルに行かされた（笑）。

曽根：リハーサル？

河合：それ以降の人生の出発点ですね。

曽根：ああ。命の根源を知る旅だったのですね。

命の根源を知る旅。

それは、この地球のすべての人の旅路なのかもしれません。

私たちの命は、魂であり、光です。

そのことを本当の意味で理解するために、私たちはこの旅路を続けているのでしょう。

この旅路に気づかせてくださった河合勝先生に心から感謝申し上げます。

後日談とあとがき

対談のあと、現世の僕は、沖縄の人魚が宝玉を護っていた地を訪れ、そこに留められていた龍神を解放してきました。

旅立つ前には、再び、龍神から現世の僕にビジョンとメッセージが届けられました。そして、そのときに伝えられたとおりのことが、僕の身に起こっていったのです。

それは、沖縄という〝龍神日本列島〟の頭から、世界に向けて、「これからの人類にメッセージを発信する」「そこから次元上昇が始まる」「沖縄から世界を拓く」という壮大なプロジェクトの幕開けでした。

このことは、続編としてまた書かせていただくので、ぜひそれをお読みいただければ幸いですが、とにかく、「沖縄が日本の中心で、沖縄の曇りを取ったら世界は素晴らしいことになる」という河合先生が教えてくださった天上界のプログラムと一致します。

旅の最後には、精神科医の越智啓子先生と、たまたまお会いすることができ、先生のリクエストで、僕たちが一緒だった頃の過去世をリーディングさせていただきました。

一つは、人魚だった頃の過去世。そしてもう一つは、お互いに琉球王国の王族だったときの過去世でした。

河合先生との対談で、「沖縄の王様が鳳凰なんですよ。鳳凰のマークは王族しか使えないから」と先生が言われていたのを読み返して、強い衝撃を受けました。

現世の僕は、寒川神社（神奈川県寒川町）で鳳凰が体に入ってくる感覚を体験していますが、まさか、それがこんなふうに繋がろうとは、夢にも思っていませんでした。

越智先生は、「琉球王国の過去世のときのやり残しがある」とおっしゃるのですが、それも、沖縄から世界を拓くというプログラムのためなのでしょう。越智先生とは、他にも多くの一致を確認させていただいているので、そのことも、続編に書かせて頂こうと思っています。

この旅の中で、僕は、琉球王国を守護する女神（アマテラス）にもお会いし、旅を導いていただきました。そして、海の王・ポセイドンから、左手に銛《もり》、右手にエネルギー、頭に王冠を授かりました。

「ポセイドン」なんて、また、話が奇想天外になりそうですが、本当のことなので仕方がありません。これもまた、龍の種族と関連し、海底に沈んだ大陸の時代とも繋がっています。次々と連なる展開は、まさに今、魂の視点から見る時代であることを、再確認させてくれます。

「大いなる海の時代、人魚、沈んだ大陸、そしてポセイドン。このときのことを引き継いで、今がある」

そんなふうに伝えられます。僕たちは、遥か昔の時代から、アマテラスやポセイドン、龍神達とともに、僕たちの世界をよりよくするというチャレンジを続けているのでしょう。

この本に収録した物語、「ドラゴンライダー〜龍の玉をもつもの〜」は、現世の僕が、友人の子どもたちの夢の中に入り込んで生まれた物語です。この物語を通して、龍の種族の記憶が蘇ったり、なにか懐かしさを感じたりされる方もいらっしゃることでしょう。どうぞ、それを否定せず、あなたのハートに育んでください。あるいは、不思議な話をするお子さんを持て余している方がいらっしゃるかもしれません。あなたのお子さんは、真実を語っています。ぜひ、この物語をお子さんと一緒にお読みになってみてください。

〝人心を清めることは、世界を清める〟

あなたも、一緒に心・体・魂を、清めて、龍神の背に乗ることを選択していきませんか。

この本の出版にあたり、初めて出会ったときから、大きな愛のサポートを変わらず注いでくださるヒカルランド社長・石井健資さん、前作から引き続きこの本を育んでくださり龍仲間でもある編集長・溝口立太さん、ヒカルランドクラブの連載で温かな交流をしてくださり河合先生と繋げてくださった棚谷俊文さん、対談をさせて頂いた河合勝先生、一緒に物語を生んでくれた少年達とママ、ビジョンのイラスト化にあたり、今回もわたしの細かな要求に応えてくださったA-saさん、セッション事例にご協力くださったクライアントの皆様、出版を楽しみに待っていてくださった皆様、見える所、見えない所で本にエネルギーを注いでくださった皆様、いつも励まし応援してくれる家族とスタジオの仲間達、そして、この本を手に取り、最後まで読んでくださったあなたとの出会いに、心から感謝いたします。

龍の種族達とともに　愛と光と感謝をこめて☆

2016年2月　シャンバラからのエールの中で

ドラゴンライダー：龍依（Roy）
現世の僕：曽根史代（女性）

ドラゴンライダー

～龍《りゅう》の玉をもつもの～

子どもたちと、かつて子どもだったあなたに
この物語を贈ります★

曽根史代（龍依～Roy）

もくじ

生《せい》態《たい》研《けん》究《きゅう》所《じょ》
ハーブや自然《しぜん》などの研究《けんきゅう》が行《おこな》われている
神殿《しんでん》
あまり知《し》られていない
泉《いずみ》のあるところ
地底基地《ちていきち》への入口《いりぐち》
ドラゴンや島《しま》をまもるためのもの
ドラゴンとライダーしか行《い》かない
ドラゴンの生息地《せいそくち》
住宅《じゅうたく》や公共施設《こうきょうしせつ》などがあるところ
ドラゴンカップ場《じょう》
ドラゴンライダーのたまごたちがあつまる

むかしむかし……
いいえ、遠《とお》い未来《みらい》かもしれない

ちょっぴりふしぎな森《もり》のなか
小《ちい》さな天使《てんし》が、一人《ひとり》で
さみしそうにしていると
ぴょこぴょこと 何《なに》かがやってきた

小《ちい》さな天使《てんし》よりも、まだ小《ちい》さい
ベィビードラゴンだ
まっ白《しろ》な 体《からだ》をして、
きれいなの色《いろ》の♪《おと》をたくさん出《だ》している
その♪《おと》は、光《ひかり》になって天使《てんし》をつつみこんだ

ベィビードラゴンは、
天使《てんし》のハートをくすぐった
天使《てんし》は、くすぐったくてわらいだした

そのときから天使《てんし》とベィビードラゴンは
ずっといっしょにいるんだ

時《とき》はたち、
ベィビードラゴンはすっかり大《おお》きくなり
りっぱな ホワイトドラゴンになった

そして天使《てんし》は、ドラゴンライダーと
よばれるようになった

1　ドラゴンの世界《せかい》

ぼくたち兄弟《きょうだい》は、夜《よる》 ねむるときに、
ママと、いろいろな お話《はなし》をするんだ。

ある日《ひ》の 夜《よる》、ママは、
ドラゴンのお話《はなし》をしてくれた。

「深《ふか》くて 軽《かる》い 森《もり》の中《なか》には、いまも、
たくさんのドラゴンが いるのよ。」

「でも、テレビでも、新聞《しんぶん》でも、
そんなこと いっていないよ。」

「おとなは、深《ふか》くて 軽《かる》い世界《せかい》に
なかなか 行《い》くことができないからよ。」

「おとなは、だれも行《い》けないの？」

「ときどき、行《い》ける人《ひと》も いるけれど、
それを、証明《しょうめい》することができないから、
なかなか 信《しん》じてもらえないのですって。

でも、その世界《せかい》は、ほんとうにあって、
たくさんの人《ひと》も、すんでいるのよ。」

「へぇ～！」

「ドラゴンと 人《ひと》は、対等《たいとう》で、
なかよくいっしょに、くらしているの。」

「対等《たいとう》って？」

「上《うえ》も下《した》もないこと。おなじことよ。」

「ふ～ん。」

「ドラゴンと とくに なかのよい人《ひと》もいてね、
その人《ひと》たちは、ドラゴンライダーって、
よばれているのよ。」

「ドラゴンライダー？」

「ドラゴンライダーは、ドラゴンにのって
大空《おおぞら》をとんで、ドラゴンといっしょに、
その世界《せかい》をまもる役目《やくめ》をはたしているの。」

「いいな～！　ぼくもドラゴンにのりたい！」

「ぼくも！」

「だれもが、ドラゴンにのれるわけでは
ないらしいの。

ドラゴンにのるために必要《ひつよう》なことが、
いくつかあるのですって。」

「なに なに？　おしえて！」

「ひとつは、むじゃきなことよ。」

「むじゃき？」

「そう。かろやかなハートのことよ。
ドラゴンの世界《せかい》は、深《ふか》くて 軽《かる》いからね。
そこには、かろやかなハートがないと、
いくことができないのですって。」

「かろやかなハートって？」

そうきくと、ママは、

「ここよ」

といって、ぼくたちの むねのあたりを、
ゆびで こちょこちょっと、くすぐった。

「うふふ」
ぼくたちは、くすぐったくって、からだをねじった。

「おとなは、ここが 重《おも》い人《ひと》が おおいの。
でも、子《こ》どもは、ここが 軽《かる》いのよ。」

「ふ～ん。どうちがうの？」

「そうねぇ、ちがいは、いくつかあるけれど……
たとえば、ふたりとも、
ドラゴンの世界《せかい》は、ほんとうに あるとおもう？」

「うん！」

「あるとおもう！」

ぼくたちは、くちぐちにさけんだ。

「そういう人《ひと》は、ハートが軽《かる》いのよ。
ふたりとも、いつでも、
ドラゴンの世界《せかい》にいくことができるわね。」
ママは、にっこりと わらって そういった。

「やった！」

ぼくたちは、うれしくって、さけんだけれど、
もう ずいぶんと ねむくなっていた。
だから、そのあとのママの話《はなし》は、あまりよく おぼえて
いない。でも、ママが さいごに こういったのは、おぼ
えているよ。

「ドラゴンの世界《せかい》に、いってらっしゃい。」

2　かろやかなハート

「やぁ、よくきたね。」

きがつくと、ぼくたちは、森《もり》のなかにいた。
声《こえ》がしたほうに ふりむくと、
おどろいたことに、大《おお》きくて まっ白《しろ》なドラゴンがいて、
その上《うえ》に、お兄《にい》さんが のっていた。

「ドラゴンライダー？！」

「そうだよ。」
そういうと、お兄《にい》さんは、

ドラゴンのせなかから おりてきた。

すごく 背《せ》が高《たか》くて、大《おお》きかった。

目《め》のまえにすわった お兄《にい》さんの目《め》は、
とっても きらきらしていて、やさしそうだった。

「お兄《にい》さんは、むじゃきなの？」
おとうと の ボンディーがきいた。

「そうだよ。むじゃきでないと、ドラゴンには の
れないからね。」

「ぼくたちのママも、そういってた！」

兄《あに》 の ガーディーがそういうと、
お兄《にい》さんは、にっこりとわらっていった。

「ドラゴンも、そういってるよ。」

ぼくたちは、ドラゴンのほうをみた。
じつは、すこしだけこわかった。
ほんのすこしね。
だって、とっても おおきいのだもの。

でもドラゴンが、話《はな》しはじめたときには、
もう、こわいと おもわなかった。

なぜなら、ドラゴンの声《こえ》は、
ゆったりと 深《ふか》くて、やわらかくて、
そして、まるで、うたっているように　かろやか だったから。

♪われら～ 龍《りゅう》のなかまは～
むじゃきなものを この 背《せ》 にのせる～

むじゃきさを　わすれているものは～
重《おも》いのです～

この龍《りゅう》のからだをもってしても～

むじゃきさを　わすれると重《おも》くて
のせられないのです～

しんこくさを　ときはなち～
むじゃきさを　おもいだすこと～

かろやかなハートが大切《たいせつ》なのです♪

「龍《りゅう》～？」
ボンディーが、ドラゴンにつられてゆったりと、うたうように きいた。

♪わたしは～龍《りゅう》の なかまだ～

ドラゴンがこたえた。

「かろやかなハートって、ママもいってた！」
ガーディーは、つられずに さけんだ。

「そうだよ～、
かろやかなハートがないと～
ドラゴンには のれないんだ～」
ドラゴンライダーが、うたうように はなした。

「ぼくたちも、かろやかな……
ハートだよ～」

こんどは ガーディーも、すこしだけ、うたうように 話《はな》
してみた。

♪かろやかな～ハートをもつもの～

ドラゴンがこたえた。

ぼくたちは、気分《きぶん》をよくして
ドラゴンライダーにきいた。

「じゃあ、ぼくたちは、ドラゴンにのれる？」

「ドラゴンにきいてごらん。」
ドラゴンライダーは、やさしくいった。

「ぼくたちを～ のせて～ くれる？」
うたうように、ドラゴンにきいた。

♪ドラゴンライダーと　ともに～
のりなさい～

「やった！　のっていいって！」
ぼくたちは、ドラゴンライダーを見《み》あげて
さけんだ。

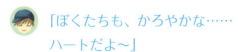

ドラゴンライダーは、ほほえみながら、
やさしくうなずいて、
ぼくたちに 手《て》を さしのべてくれた。

ドラゴンライダーにささえられながら、
ぼくたちは、ついに、
ドラゴンの せなかに のった！！！

ドラゴンが、ゆっくりと つばさを うごかし、空中《くうちゅう》にうかんだ。

まわりにあった 木《き》が、ぼくたちよりも
ずっと 下《した》に なったとき、
ドラゴンは、スィーッと、まえにすすんだ。

「うわぁっ！」

ドラゴンは、ぼくたちをのせて
森《もり》の上《うえ》をとんだ。

「あぁっ！　森《もり》が光《ひか》ってる！」

森《もり》の上《うえ》に、なにか かがやくものを ふりかけたように
森《もり》がきらきらして見《み》えた。

「これが、ふかくてかるい世界《せかい》だよ。」
ドラゴンライダーがいった。

まったく見《み》たことのない世界《せかい》だった。
ドラゴンライダーが、ドラゴンのせなかの上《うえ》で、
こうおしえてくれた。

「この世界《せかい》はね、
目《め》だけで、見《み》ようとしてもだめなんだ。
かんじるんだ。
目《め》をとじて、きみが かんじることを、
大切《たいせつ》にするんだ。
まわりの空気《くうき》や、ふんい気《き》は、

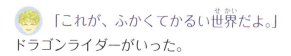

どんな かんじがする？
きみの かろやかなハートは、
どんな 反応《はんのう》を している？」

ぼくたちは、目《め》をとじて、かんじてみた。

「とっても、きもちいいよ！」

「もっと、ここにいたいよ！」

ドラゴンライダーは、うなずいていった。

「きみたちが、かんじたことが 真実《しんじつ》だよ。
ほんとうのことだ。

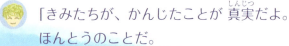

きみたちの世界《せかい》に もどっても、
かんじることを、大切《たいせつ》にするんだよ。」

ぼくたちは、目《め》をとじたまま、うなずいた。

しばらくすると、
ある気持《きも》ちがわきあがってきた。

「ぼくもドラゴンライダーになりたい！」

「ぼくも！」

「どうすればなれるの？」
ほとんど、ふたりどうじにきいた。

ドラゴンライダーは、やさしくうなずいて

「また、この世界《せかい》においで。」
と、ぼくたちにいった。

……きがつくと、朝《あさ》だった。
ぼくたちは、ママのところに走《はし》った。
ドラゴンの世界《せかい》を ほうこくするためにね。

みんなも、今夜《こんや》、ドラゴンの世界《せかい》に
いってみるといいよ。

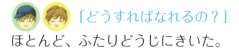

ドラゴンライダーになる方《ほう》法《ほう》

1、かろやかなハート

これがないとドラゴンの世《せ》界《かい》にいけない。

3　龍《りゅう》の玉《たま》

「やぁ、まってたよ。」
まっ白《しろ》で大《おお》きなドラゴンとドラゴンライダーがあらわれた。

つぎの日《ひ》の夜《よる》、ぼくたちは、ふたたびドラゴンの世界《せかい》にやってきていた。

「どうしたら、ドラゴンライダーになれるの？」
おとうとのボンディーが まちきれずに きいた。

「どうしたら～　ドラゴンライダーに～
なれるの～？」
ドラゴンライダーが、ドラゴンに、おなじことを きいた。

♪龍《りゅう》の玉《たま》を～ もつものよ～
真《しん》の つよさをもち～　玉《たま》を　かかげよ～

真《しん》の つよさに～ きづくとき～
龍《りゅう》の玉《たま》が～ めざめる～♪

すると、ドラゴンライダーが、龍《りゅう》の玉《たま》を みせてくれた。
ドラゴンライダーの手《て》のなかで、金色《きんいろ》にかがやいている。

「わぁ！　これが あれば～　ドラゴンライダーに
なれるの～？」
うたうように、ドラゴンにきいた。

♪真《しん》の つよさに〜 きづくとき〜
龍《りゅう》の玉《たま》が〜 めざめる〜♪

「どういう いみ？」

こんどは、ドラゴンライダーにきいた。

「きみたちは、龍《りゅう》の玉《たま》をもっているんだよ。
目《め》には、見《み》えないけれどね。
きみたちが、真《しん》の強《つよ》さに きがついたら、
龍《りゅう》の玉《たま》は、あらわれるんだよ。」

♪真《しん》の　つよさをもち〜
玉《たま》を　かかげよ〜♪

ドラゴンが またうたった。

「真《しん》の強《つよ》さににきがつくと、
きみたちの 龍《りゅう》の玉《たま》が あらわれる。
その玉《たま》に きがついたものたちが、
ドラゴンライダーのなかまとして
つながっていくんだ。
そして、この世界《せかい》に 光《ひかり》をおくり
この世界《せかい》を まもっていくんだ。」

「しんのつよさって？」

「また、ここにおいで。」

ドラゴンライダーの声《こえ》を さいごに、
ぼくたちは、そのままねむってしまった。

ドラゴンのうた声《ごえ》と、
ドラゴンライダーのやさしい声《こえ》が、
とても ここちよく きこえていた。

ドラゴンライダーになる方法《ほうほう》

1、かろやかなハート

これがないとドラゴンの世界《せかい》にいけない。

2、龍《りゅう》の玉

真《しん》の強さにきがつけば、あらわれる。

4　ほんとうの強《つよ》さ

「ぼく、きょうは、ねむりたくないよ。」

おとうとのボンディーがママにいった。

「どうして？」

「だって、きょうりゅうに 食《た》べられる ゆめを
見《み》るんだもの。」

「そういうときは、ドラゴンのおにいさんをよん
でみたら？」

ぼくは、ドラゴンライダーが
来《き》てくれたところを、そうぞうしてみた。

そうすると、みるみる こわさが消《き》えていった。

「それなら、あんしんだ。」

ぼくは、ねむることにした。
でも、ベッドにはいると、
やっぱりこわくなった。
だから、すぐにドラゴンライダーをよんだ。

ドラゴンライダーは、
あっというまに　やって来《き》て、
白《しろ》いドラゴンの せなかに のせてくれた。

「ねえ、きょうりゅうをやっつけて。」
ぼくは、ドラゴンライダーにおねがいした。
ドラゴンライダーはつよいから、
きょうりゅうに 勝《か》てるとおもった。

「きょうりゅうは、こわくないよ。
きみがのっているドラゴンをみてごらん。
このドラゴンだって、
すがたは、きょうりゅうに にているでしょ。
でもこわくない。
とっても ひとなつっこいし、
ほら、こうして きみを、
せなかに のせてくれるでしょう。」

「でも、きょうりゅうは、
すごく きょうぼうだよ。」

「そうかな？　じゃあ、
きょうりゅうのところに いってみよう。」

「いやだよ！　こわいよ！」

「だいじょうぶ。
ガーディーもいっしょにいこう。」

そういうと、ドラゴンライダーは、
おにいちゃんの ガーディーも、
ドラゴンのせなかに のせた。

「わぁ～い！」
ガーディーは、ドラゴンの せなかに のって、
うれしそうにしている。

ぼくは、きょうりゅうのところには
行《い》きたくなかったけれど、
ガーディーがよろこんでいるから、がまんした。

でも、やっぱりこわくなってきたから、
ドラゴンライダーにきいた。

「ねえ、ドラゴンライダーは、
きょうりゅう よりも、強《つよ》い？」

「あたりまえだよ！　ドラゴンライダーは、
この世界《せかい》を まもってるんだから！」

ガーディーが、かわりにこたえた。

すると、ドラゴンライダーは、ぼくたちに
へんな しつもんをした。

「ねえ、ふたりとも、
強《つよ》いって なにか わかる？」

「きょうりゅうを やっつけられる人《ひと》。」
ぼくがこたえた。

「けんかをして かつ人《ひと》！」
ガーディーがこたえた。

「それは、ほんとうの強《つよ》さじゃないよ。
それは、よわい人《ひと》だ。」

「どうして？！」
ぼくたちは、おどろいてきいた。

「よわいから、あいてを やっつけようって
おもうんだよ。ほんとうに強《つよ》かったら、
そんなことはしない。
ただ、やさしく みまもる。わかる？」

「そうしたら、食《た》べられちゃうよ！！」
ぼくは おもわず こうふんして、
大声《おおごえ》でさけんだ。

ドラゴンライダーは、やさしくほほえんで、
ぼくをだきしめてくれた。

ぼくは、なんだか、安心《あんしん》して、

すこし おちついた。

「もし、きょうりゅうが あらわれて、
きみたちを食《た》べようとしたとする。
それは、なぜだとおもう？」

「おなかが すいているから！」
ガーディーがこたえた。

それをきいて、ぼくは、
またこわくなったけれど、
こんどは、さっきほどじゃ なかった。
すると、ドラゴンライダーが
ぼくの あたまを なでてくれた。
ぼくは、もっと安心《あんしん》することが できた。

ドラゴンライダーは、いった。

「きょうりゅうも、きみたちがこわいんだよ。」

「え？！」

ぼくも ガーディーも、おどろいた。

ドラゴンライダーがつづけた。

「こわいから、やられるまえに
食《た》べようとするんだ。
ほんとうは よわいんだよ。
だから、かれらに、やさしくほほえんで
みまもってあげればいい。

ほら、ドラゴンで れんしゅう してみよう。
よしよしって、あたまを なでてごらん。」

ぼくたちは、おそるおそる、手《て》をのばした。
なでてあげると、ドラゴンは

きもちよさそうに声《こえ》をだした。

♪キュッ　キュ〜ゥ♪

目《め》をほそめて、うれしそうにしている。

「きょうりゅうも、
このドラゴンとおなじだよ。
やさしくしてあげれば、
安心《あんしん》して、おとなしくなる。
だから、きみが、
安心《あんしん》させてあげるんだ。」

“あんしん……”

「そういえば、ぼく
だきしめてもらって、安心《あんしん》したよ。」

さっき、ドラゴンライダーが
だきしめてくれたことを、おもいだした。

「でも、きょうりゅうを だきしめるのは、
ちょっとこわいな。」

ガーディーがいった。そのとおりだ。

「だきしめなくてもいいよ。たとえばね、
きみたちが、こわそうな 大人《おとな》にであって、

『こわい！』って、おもったときに、
その大人《おとな》が、にっこり わらってくれたら、
どう かんじる？」

「安心《あんしん》する！」

「そうだね。きょうりゅうにも、
にっこりわらって、『ともだちになろう』
って、いってあげよう。
きょうりゅうは、安心《あんしん》する。
きみのことを 食《た》べようと しなくなるよ。」

いつのまにか、草原《そうげん》にやってきた。
きょうりゅうが、たくさんいる。

ドラゴンライダーが、
一《いっ》ぴきのきょうりゅうにむかって、
にっこりわらった。
きょうりゅうは、おとなしくしている。

それをみて、ガーディーも、
べつの きょうりゅうに、にっこりわらった。

きょうりゅうは、やっぱり

おとなしくしている。

ぼくも、ゆうきを出《だ》して、やってみた。

プォ〜〜〜ッ

きょうりゅうが大《おお》きな口《くち》をあけた。

ぼくは、びっくりしたけれど、
こわくなかった。

だって、きょうりゅうは、
のんびりと、口《くち》をあけたんだ。

「よくこわがらなかったね。えらいぞ。
これは、きょうりゅうのあくびだよ。
もしも、きみが、こわがって、
大《おお》きな声《こえ》を出《だ》していたら、
きょうりゅうもこわがって、
ぼくたちを　おそおうとしたかも しれない。」

そうきいても、ぼくはもう、
ちっともこわくなかった。

「強《つよ》くなったね。」

ドラゴンライダーが、ぼくにそういった。

「それが、“真《しん》の強《つよ》さ”、
ほんとうの強《つよ》さだよ。」

ぼくは、そういわれて、
とってもうれしかった。

「からだの大《おお》きさはかんけいない。
心《こころ》が大《おお》きい人《ひと》が、
真《しん》に強《つよ》い人《ひと》なんだ。」

「こころがおおきいひと？」

「そうだよ。ほかの人《ひと》にも、
きょうりゅうと おなじように してあげて。
きみが強《つよ》くなって、
きみがやさしく ほほえむんだ。」

「強《つよ》くなって、やさしくするの？」

「そうしたら、あいての人《ひと》は、
きみを、おそったりしない。
むしろ、きみのことが好《す》きになるよ。
ぼくも、きみたちのことが大好《だいす》きだ！

心《こころ》から 愛《あい》してる。」

すこし くすぐったいかんじが したけれど、
とってもうれしかった。
ぼくも『ドラゴンライダーが大好《だいす》きだ』って
おもった。

すると、ドラゴンがうたいはじめた。

♪真《しん》の～ つよさに～ きづくとき～
龍《りゅう》の玉《たま》が～ めざめる～♪

そのときだ！
ぼくたちは、手《て》のなかに、なにかをかんじた。

「龍《りゅう》の玉《たま》？！」

おどろいて、手《て》を ひろげてみたけれど、
なにもなかった。

がっかりしているぼくたちに、
ドラゴンライダーがいった。
「これからも“真《しん》の強《つよ》さ”に
気《き》がついていけば
また、龍《りゅう》の玉《たま》が、あらわれるよ。」

「ほんとう？！」

ぼくたちは、うれしくって、
朝《あさ》おきると、ママにまっさきに ほうこくした。

「ぼくたちは、もうすぐ
ドラゴンライダーになれるよ！！」

ドラゴンライダーになる方法《ほうほう》

1、かろやかなハート

これがないとドラゴンの世界《せかい》にいけない。

2、龍《りゅう》の玉

真《しん》の強さにきがつけば、あらわれる。

3、真《しん》の強さ

安心《あんしん》させる。

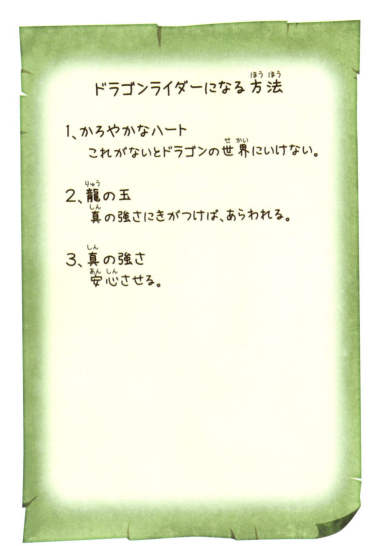

5．光《ひかり》を贈《おく》る

ある日《ひ》の夜《よる》、ぼくたちは、森《もり》にいた。

なにやら ぶきみな声《こえ》がきこえた。

ヴォ〜　ヴォ〜

ぼくたちの上《うえ》に、大《おお》きなかげが
おおいかぶさってきた。

「こわいっ！！」

ぼくたちは、むがむちゅうで、ていこうした。

「くるなー！！！！！」

なにがおこったのか、
よくわからなかったけれど、
大《おお》きなかげは、どこかに行《い》ってしまった。

ヴォ〜　ヴォ〜

こんどは、森《もり》のおくふかくから、きこえる。

「封印《ふういん》しちゃった……」

どうやったのか、わからないけれど、

ぼくたちは、ヴォ～ッとなく生《い》き物《もの》を、
封印《ふういん》してしまったみたいだ。

ヴォ～ッ　ヴォ～ッ！

また声《こえ》がきこえた。
まるで、ぼくたちに おこっているみたいだ。
きっと、封印《ふういん》したからだ！

「どうしようっ！　こわいっ！！」

ぼくたちは、すっかり 目《め》がさめて
ママのところに はしった。

ママは、ぼくたちにこういった。
「だいじょうぶ。ドラゴンのおにいさんが、
きてくれるから。」

ぼくたちは、あんしんして、もういちどねむった。

ふたたび、ぼくたちは、森《もり》にいた。

ヴォ～ッ　ヴォ～ッ！

「やっぱりおこってるよ！　こわい！」

そのときだ！

まっ白《しろ》なドラゴンにのって
ドラゴンライダーがやってきた！

「この生《い》き物《もの》を、封印《ふういん》したのは
きみたちだね？」

「だって、こわかったから、
『くるなー！』って、さけんだんだよ。」

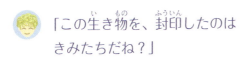

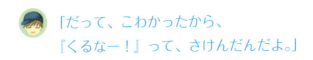

「そうか、そのおもいが、通《つう》じたんだね。
すごい力《ちから》だね。」

おこられるかとおもったけれど、
“すごい力《ちから》” といわれて、
ぼくたちは、なんだか、
強《つよ》くなったような気《き》がして、
ほこらしくなった。

「じゃあ、このままやっつけるの？」

「いいや、封印《ふういん》をとくよ。」

「えっ！？　なんで？
せっかく ふういんしたのに！」

「そういうときは、やっつけるんじゃなくて
光《ひかり》をおくるんだよ。」

「ひかり？」

ドラゴンライダーが、ドラゴンにのって、
空《そら》たかく まいあがった。

光《ひかり》のビームを 出《だ》している。

しばらくしたら……
生《い》き物《もの》が、ひっぱりあげられた。

ドラゴンだった！

くらい色《いろ》を している。

その色《いろ》を見《み》ていると、
なぜか ぼくたちまで、気分《きぶん》が くらくなった。

すると、ドラゴンライダーは
にじ色《いろ》に かがやく、光《ひかり》のビームを はなった。

くらかったドラゴンの色《いろ》が
みるみるまに、明《あか》るくなっていった。

ぼくたちも、気分《きぶん》が 明《あか》るくなってきた。

ドラゴンライダーが、
ぼくたちのすぐそばにやってきて、こういった。

「かわいそうに。このドラゴンは、
やみの えいきょうを うけていたみたいだ。
それで苦《くる》しんでいたんだね。
浄化《じょうか》が、ひつようだ。」

「じょうか？」

「すっきりと きよらかにして
たすけてあげるんだ。」

「じゃあ、もっと、力《ちから》をいっぱいつかって、
光《ひかり》を出《だ》すの？」

「いいや。力《ちから》をぬいて、
光《ひかり》をおくるんだよ。」

「力《ちから》をぬくの？」

「そう。このドラゴンをたすけることは、
ぼくひとりでは できない。

だから、たくさんの光《ひかり》のそんざいに
てつだってもらうんだ。」

そういって 力《ちから》をぬいたドラゴンライダーの
まわりに、宇宙中《うちゅうじゅう》の 光《ひかり》があつまってきた。

たくさんの 光《ひかり》たちが
きらきら かがやいている。

ドラゴンライダーが、その光《ひかり》たちにつつまれた。

光《ひかり》のあつまりは、どんどん 大《おお》きくなっていく。

そして、ドラゴンライダーは、
どんどん 力《ちから》をぬいていく。

「これは、宇宙中《うちゅうじゅう》から とどけられた
愛《あい》の光《ひかり》だよ。
この光《ひかり》を、このドラゴンに
愛《あい》をこめて、おくるんだ。」

といって、宇宙中《うちゅうじゅう》の 光《ひかり》のあつまりを
このドラゴンに、やさしく おくりはじめた。

ドラゴンがうっとりしている！

ふつうは、ビームをはなったら、
わるものは たおされるのに、
このドラゴンは、ビームにうっとりしていた！

「これは、たおすための 光《ひかり》じゃないからね。
愛《あい》を おくるための 光《ひかり》なんだ。
だから、やさしく、
心《こころ》をこめて おくるんだよ。」

ドラゴンは、光《ひかり》につつまれていた。

すると、ドラゴンのからだが、
どんどん小《ちい》さくなって、
まるで赤《あか》ちゃんみたいになった。

きれいな 空色《そらいろ》を していた。

「きよらかな たましいが、もどってきたね。」
ドラゴンライダーは、そういって、
空色《そらいろ》をした、ドラゴンの赤《あか》ちゃんを、
りょう手《て》で、そっとだきあげた。

そして、ぼくたちにこういった。

「きみたちのおかげで、
このドラゴンをたすけることができたよ。
どうもありがとう！」

「ねえ！　そのビーム、どうしたら出《だ》せるの？」

「このドラゴンをたすけたいとおもうことだよ。
光《ひかり》は、愛《あい》だからね。

でも、おもいが 強《つよ》すぎると
おもくなるから

かろやかなハートがたいせつだ。

そのために、力《ちから》をぬくんだよ。」

「ぼくたちにも、できる？」

♪キュ～ウッ♪
白《しろ》いドラゴンが声をだした。

「ドラゴンが、なにか つたえたそうだね」

「ぼくたちにも～ できる～？」
ドラゴンにきいてみた。

♪かろやかなハートと～ 愛《あい》があれば～
光《ひかり》は　じゆうに～
おくることができる～

われらは～　いつも 光《ひかり》を　おくりあう～

光《ひかり》は～　愛《あい》～

かろやかなハートに～　愛《あい》があれば～
いのりは　とどく～♪

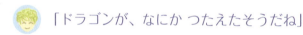

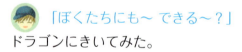

ママが、ぼくたちのハートを
くすぐったときのことを、おもいだして
できるだけ、ハートをかるくした。

そして、愛《あい》を こめて いのったよ。

「空色《そらいろ》のドラゴンの赤《あか》ちゃんが、
げんきに 大《おお》きく なりますように。」

すると、ぼくたちの りょう手《て》が、
あたたかくなった。

ぼくたちは、りょう手《て》をひろげてみた。

なにもない。

でも、なにかをかんじる。

「目《め》には 見《み》えなくても、かんじてごらん。

この世界《せかい》はね、目《め》だけで、
見《み》ようとしてはいけないよ。
かんじるんだ。
目《め》をとじて、きみが、かんじることを
たいせつにするんだ。

きみの かろやかなハートは、
どんな はんのうを している？」

「あたたかいよ！」

「光《ひかり》が出《で》てるみたいだ！」

「そうだね。じょうずに 光《ひかり》が出《で》ているよ。
小《ちい》さなドラゴンに、おくってごらん。」

ぼくたちは、手《て》のなかに かんじている 光《ひかり》を
空色《そらいろ》のドラゴンの赤《あか》ちゃんに おくった。

ピュッ ピュ〜ッ

空色《そらいろ》のドラゴンの赤《あか》ちゃんは、
きもちよさそうに 声《こえ》をだした。

「光《ひかり》が とどいたね！」

白《しろ》いドラゴンがうたいはじめた。

♪真《しん》の　つよさに〜 きづくとき〜
龍《りゅう》の玉《たま》が〜 めざめる〜♪

そのときだ！

ぼくたちの手《て》のなかに、玉《たま》があらわれた。

「わぁ！　りゅうの玉《たま》だ！」

でも、玉《たま》はすぐに、きえてしまった。

「また“真《しん》の強《つよ》さ”に きがついたね。
光《ひかり》は、愛《あい》だからね。
愛《あい》をおくることができるのも、
“真《しん》の強《つよ》さ”の ひとつなんだよ。」

ドラゴンライダーになる方法《ほうほう》

1、かろやかなハート
これがないとドラゴンの世《せ》界《かい》にいけない。

2、龍《りゅう》の玉
真《しん》の強さにきがつけば、あらわれる。

3、真《しん》の強さ
安《あん》心《しん》させる。

4、光をおくる
光は、愛《あい》

6．　ほんとうの愛《あい》

きょうは、ぼくたちが、まちにまった日《ひ》だ！

ドラゴンの のりかたを、
ドラゴンライダーにおしえてもらうんだ。

ワクワクワク >▽<　ドキドキドキ ♡

そわそわとすごした一日《いちにち》がおわって、
夜《よる》になると、
ぼくたちは、なかよく ねむりについた。

すぐに、ドラゴンライダーは、やってきた！

ワクワクワク >▽<　ドキドキドキ ♡

いつもの白《しろ》いドラゴンにのっている。

「あ！　空色《そらいろ》のドラゴン！」
おとうとのボンディーが、
べつのドラゴンに きがついた。

ドラゴンライダーと、白《しろ》いドラゴンと、
空色《そらいろ》のドラゴンが、
ぼくたちのところにやってきた。

「この空色《そらいろ》のドラゴンは？！」

「きがついたかい？
きみたちがたすけたドラゴンだよ。
あれから、ドラゴンのなかまたちと、
なかよく くらしているんだ。
すっかり大《おお》きくなったでしょう。
さあ、さっそくのってみようか。」

ぼくたちは、空色《そらいろ》のドラゴンにのった。

きょうだい なかよく って、
いいたいところだけれど……

おにいちゃんの けんりょくで、
ぼく、ガーディーが、さきにのった。

だって、まちきれなかったんだ……

「いっけー！　それそれ！」

ぼくは、空色《そらいろ》のドラゴンのおなかをけった。

ドラゴンは、なかなかとんでくれない。

「ほら！　はやくいけー！」

こんどは、もっと強《つよ》く おなかをけった。

ピュッ！！
空色《そらいろ》のドラゴンが、かおを ゆがめて、
声《こえ》をだした。

ようやく、すこしだけ、空《そら》にうかびあがった。

「いいぞー！　いけー！　右《みぎ》にまがれー！」
ぼくは、ドラゴンの 右《みぎ》ひげを ひっぱった。

ピピュッ！！
空色《そらいろ》のドラゴンが、かおをゆがめて、
からだをブルッとふるった。

そのいきおいで、
ぼくは、じめんに はらい おとされた。

ドラゴンライダーが、ぼくのそばにやってきた。
「ドラゴンに、どうしてほしいの？」

「ぼくをのせて、空《そら》をとんでほしい。」

「じゃあ、そう つたえてごらん。
親愛《しんあい》なるおもいをこめて
つたえてごらん。

ドラゴンに『ぼくたちは友《とも》だちだよ』って
『ぼくは、きみのことが大《だい》好《す》きだよ』って

そういうきもちをこめて、
『ぼくをのせて とんで』って、
つたえてごらん。」

「わかった。」

こんどはうまくやれた。

空色《そらいろ》のドラゴンは、ふわっとうきあがり、
ぐんぐん 空《そら》たかく のぼっていった。

「わあ〜、すごい！　ピュ〜、ありがとう！」
ぼくは、親愛《しんあい》なるおもいをこめて、
空色《そらいろ》のドラゴンのことを、『ピュ〜』ってよんだ。

ピュ〜〜〜☆

空色《そらいろ》のドラゴンが、うれしそうに

声《こえ》をあげた。

ぼくも、とっても うれしいきもちになった。

おとうとのボンディーとドラゴンライダーも、
白《しろ》いドラゴンにのって、そばにやってきた。

「ようし、こんどは右《みぎ》に行《い》こう。
やさしく、親愛《しんあい》なるおもいをこめて、
『右《みぎ》に行《い》って』と つたえるんだ。
声《こえ》にださなくても だいじょうぶ。

きみに、ほんとうの愛《あい》があれば、

ドラゴンは、テレパシーで
キャッチしてくれるからね。」

「ほんとうの あい……」
ぼくにはよくわからなかったけれど、
ピュ～のことが だいすき！　というきもちで
いっぱいだった。

ピュ～のせなかを やさしく なでながら
『こんどは右《みぎ》に行《い》こう！』って、
心《こころ》のなかで、そっとつたえてみた。

空色《そらいろ》のドラゴンが、右《みぎ》にまがった！

「わぁ！　テレパシーがつたわったんだね！
ピュ～、ありがとう！」

ピュ～～～☆　　「わ～い！」

ピュ～とぼくは、なかよく声《こえ》をあげた。

「よくできたね。これも“真《しん》の強《つよ》さ”だよ。」

「え？」

「ドラゴンのきもちを わかって あげられる
おもいやりの心《こころ》だよ。」

「ドラゴンのきもち……」

「そう、おなかをけられたり、
かみをひっぱったりされたら、
きみも いやでしょう？　それとおなじだ。
ドラゴンだって いやなんだよ。

やさしくされると、うれしいでしょう？
ドラゴンだって うれしいよ。」

ピュ〜が、さっき、
とってもうれしそうな声《こえ》を出《だ》したのを、
おもいだした。

ぼくが『ありがとう』って、つたえたときだ。

「きみとドラゴンは、おなじなんだよ。

きみはドラゴンで、ドラゴンはきみなんだ。」

「ぼくとドラゴンは おなじ……？」

「そうだよ。」

「ぼく、さっき、
ドラゴンがうれしそうなのをみて、
とってもうれしかったよ。」

「人間《にんげん》の 友《とも》だちと おなじだよ。

『ぼくはきみのことを好《す》きだよ』っていう
きもちをこめて、せっするんだ。

そうすれば、友《とも》だちも きみのことが
好《す》きになって、きみの いうことも

きいてくれる。

きみだって、友《とも》だちの いうことを
きこうっておもうでしょ。」

「うん。……　あ！！」

ぼくは、とつぜん、おとうとの
ボンディーの きもちが わかった。

だから、ボンディーに、すなおにつたえた。

「ごめんね。さきにのっちゃった。」

「ううん。いいよ。
おにいちゃんが たのしそうなのをみて、
ぼくもとってもたのしかった。」

ぼくたちは、かおを 見《み》あわせて、
わらいあった。

「あ！」
ぼくたちの手《て》のなかに、
また 龍《りゅう》の玉《たま》が あらわれた。
こんどは、ながいじかん、きえなかった。

「ふたりとも また、“真《しん》の強《つよ》さ” にきがついたね。」

ピュ～～～～～☆☆☆

空色《そらいろ》のドラゴンが、うれしそうに
おたけびをあげた。

このとき、ぼくたちの あいだには、
“ほんとうの愛《あい》” があったとおもう。

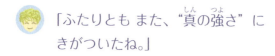

ドラゴンライダーになる方《ほう》法《ほう》

1、かろやかなハート
　これがないとドラゴンの世《せ》界《かい》にいけない。

2、龍《りゅう》の玉
　真《しん》の強さにきがつけば、あらわれる。

3、真《しん》の強さ
　安《あん》心《しん》させる。

4、光をおくる
　光は、愛《あい》

5、ほんとうの愛《あい》
　ぼく ドラゴン ともだち、みんなおなじ

7. 真実《しんじつ》を見《み》る目《め》

「クマがでた～っ！！！」
ふたりどうじに、目《め》がさめた。

「ママーッ！！」
ふたりで、ママのところにはしった。

ママは、ぼくたちをギュッとだきしめて、
やさしくこういった。

「ドラゴンのおにいさんに、
おしえてもらったでしょう。
クマに、にっこりほほえんでみた？」

「やってみたよ！　でも、クマは、
こわいかおで、肉《にく》を食《た》べていたんだ！
ぼくたちも食《た》べられちゃうよ！」

「じゃあ、またドラゴンのおにいさんを
よんでみたら。」

ぼくたちは、ママの りょうわきで、ふたたび
ねむりについた。

ドラゴンライダーは、すぐに、やってきてくれた。

「ほら！　クマが、肉《にく》を食《た》べているよ。

ぼくたちが、にっこりしても、
すごいかおで、肉《にく》を食《た》べている！」

「こわいー！」

「そう？　クマは、木《き》の実《み》を食《た》べているよ。」
ドラゴンライダーがそういった。

「えぇ？！　あれは木《き》の実《み》じゃないよ。
肉《にく》だよ！」

ドラゴンライダーが、首《くび》を かしげている。

でも、どうみたって、あれは、肉《にく》だ。
ぼくたち ふたりがいうのだから、
まちがいない！

「しんじつが 見《み》えなくなっているんだね。」
ドラゴンライダーは、そういうと、目《め》をとじた。

目《め》をとじているばあいじゃないのに！

すると、ママがあらわれた。

「ママ！！」

ぼくたちは、ママにとびついた。

ママは、ぼくたちをだきしめてくれた。

すこしずつ、きもちが おちついてきた。

ドラゴンライダーを見《み》ると、
ぼくたちをみて、にっこりとほほえんでいる。

ドラゴンライダーが、
ママをつれてきてくれたんだとおもった。

ドラゴンライダーは、もういちど目《め》をとじた。

すると、ドラゴンのふういんを
といたときのように、
ドラゴンライダーの上《うえ》に、
たくさんの光《ひかり》のあつまりが、ふりそそいだ。

「うわぁ～、きれいだな～」
ぼくたちは、うっとりとみとれた。

「ふぅ～」
ドラゴンライダーが、やわらかく いきをはき、
りょうほうの てのひらを、ぼくたちにむけた。

てのひらからは、
きらきらした光《ひかり》たちが はなたれ、
ぼくたち ふたりの
あたまのなかに、はいっていった。

「きもちいい〜」
あたまのなかが、とっても
すっきりしていくのをかんじていた。

「さあ、もういちど、クマをみてごらん。」
ドラゴンライダーがいった。

いわれるままに、クマのほうに目《め》をむけた。
「あれ？！　クマが！」

さっきまで、こわいかおで、
肉《にく》を食《た》べていたはずのクマが、
木《き》のかわを はいでいる。

あんなに、こわそうに見《み》えたクマなのに、
目《め》のまえにいるのは、おだやかなクマだ。

「クマに なにかしたの？！」
ドラゴンライダーにきいた。

「いいや。クマには、なにもしていない。
ただ、きみたちの 不安《ふあん》な おもいを、
じょうかしたよ。」

「ふあんな おもい？」

「クマをこわがるきもちが、
あまりに 大《おお》きかったから、
ほんとうのクマのすがたが
見《み》えなくなっていたんだよ。」

「そうだったんだ。」

「このクマは、さいしょから、
木《き》のかわを はがしたり、
木《き》の実《み》を食《た》べたりしているよ。」

「クマを見《み》ても、もうぜんぜんこわくないよ。」

「真実《しんじつ》を見《み》る目《め》も、
ドラゴンライダーにひつような
“真《しん》の強《つよ》さ” のひとつだよ。」

「そっか、わかったよ！」
そういうと、ぼくたちは、

ママのもとをはなれて、
クマのところに はしろうとした。

すると、ドラゴンライダーがいった。

「そっとしておいてあげて。」

ぼくたちは、ふりむいて きいた。

「なぜ？」

「真実《しんじつ》を知《し》ったときには、もうひとつ
たいせつなことがある。」

「なぁに？！」
またひとつ、ドラゴンライダーに
なにか おしえてもらえるのかとおもって、
ワクワクした。

「このクマは、冬《とう》みんから 目《め》ざめたばかりだ。
おなかを すかしているよ。
だから、きみたちが 近《ちか》づいたら、
きみたちを おそうかもしれない。」

「にっこりほほえめば、友《とも》だちになれるよ！」

「いいや。それはほんとうの強《つよ》さじゃないよ。」

ぼくたちは、こんらんした。

「このあいだは、
『にっこりほほえめばいい』
っていったのに。」

「そうだね。でも、きみたちは、
冬《とう》みん から さめた クマに
近《ちか》づいてはいけないって、
きいたことはない？」

「きいたことある。」

「それを知《し》っているなら、近《ちか》づいちゃだめだ。
せっかく おだやかに、木《き》の実《み》を食《た》べているクマを
イライラさせたいのかい？

むような あらそいを したいのかい？

ちえを正《ただ》しくつかうのも、
強《つよ》さに ひつようなこと なんだよ。」

「クマへのおもいやりだね！」

「そのとおりだ！」

ぼくたちは、にっこりとほほえみながら、
とおくからそっと、クマをみまもった。

ドラゴンがうたいだした。

♪真《しん》の つよさに～ きづくとき～
龍《りゅう》の玉《たま》が～ めざめる～♪

ぼくたちの手《て》のなかに、
龍《りゅう》の玉《たま》が、あらわれた！

「あ、色《いろ》が！」
ぼくたちの 龍《りゅう》の玉《たま》に、
色《いろ》が、うかびあがってきた。

はじめてのことだ。

きれいにかがやいている。

「ドラゴンライダーとして、ひつような

“真《しん》の強《つよ》さ” が、そなわったんだね。」

♪真《しん》の　つよさをもち～
玉《たま》を　かかげよ～

龍《りゅう》の玉《たま》を　もつものを～
じゅずのように　つなぐ～

玉《たま》は みなを ひきよせる～
玉《たま》は みなを てらす～

玉《たま》から光《ひかり》は～ 360ど～
すべての方向《ほうこう》に　光《ひかり》をてらす～
われらの光《ひかり》とともに　みなをてらす～

そして～
真《しん》の　ドラゴンライダーに～♪

ぼくたちは、りゅうの玉《たま》を かかげた。

これから、ぼくたちは、
“真《しん》のドラゴンライダー” をめざすんだ。

ドラゴンライダーになる方法《ほうほう》

1、かろやかなハート
　これがないとドラゴンの世界《せかい》にいけない。

2、龍《りゅう》の玉
　真《しん》の強さにきがつけば、あらわれる。

3、真《しん》の強さ
　安心《あんしん》させる。

4、光をおくる
　光は、愛《あい》

5、ほんとうの愛《あい》
　ぼく ドラゴン ともだち、みんなおなじ

6、真実《しんじつ》を見る目
　こわがらないで、ほんとうのすがたを見る
　ちえを正しくつかう

ドラゴンライダーとして成長《せいちょう》すると、真《しん》のドラゴンライダーになれるよ。
真《しん》のドラゴンライダーになるために大切なことがわかったら、
ここに書いてみよう。

真《しん》の ドラゴンライダーになる方《ほう》法《ほう》

光《ひかり》のなかに やみはない
光《ひかり》のそとに やみがある

だから、そのやみを光《ひかり》でつつみこめば、
いつかきっと
光《ひかり》だけの世界《せかい》にすることだって
できるだろう

ぼくは、ずっと
そのことを夢見《ゆめみ》ている

夢《ゆめ》でおわらせないために
さぁ、光《ひかり》の輪《わ》のなかへ

光《ひかり》をおくろう
光《ひかり》にかえろう

〜 ドラゴンライダーからママへ 〜

これは、ドラゴンライダーからママへ贈る、クマをそっと見守った後の続きのお話です。

あの後、ボンディーは、「ドラゴンにのりたい！」といって、はしゃいでいた。一方、兄のガーディーは、ボンディーを横目に、落ち着いた雰囲気をみせていた。でも目に見えないところでの彼の感情からは、「ドラゴンに乗りたい！」っていう気持ちがたくさん伝わってきていた。

みんなでドラゴンに乗ることになったとき、ボンディーが、『わぁーっ』と走って飛び乗ったのに対して、ガーディーは、ボンディーの後ろに、まるで、大人が乗るような雰囲気で、ゆっくりと乗った。その後ろにママ、そしてぼくの順番で乗った。

乗っているときは、アクロバット飛行をしたり、遠くまで出かけたりして、みんなで楽しんだけれど、そのリクエストは、すべてボンディーによるものだった。

帰るときには、かれら兄弟とママを部屋まで送って、ぼくは３人にハグをした。ボンディーは、満足そうにベッドに戻って行った。ガーディーは、ベッドに戻るかなと思ったら、しばらくベッドの前で立ち尽くしている。どうしたのかな？　と思って、声をかけようとしたとき、急に、タタタタタッと走ってきて、ぼくに抱きついてきた。

ぼくは、ガーディーを強く抱きしめた。ママも一緒にガーディーを抱きしめた。

そのときだった。ぼくの潜在意識（感じる意識）が二人の意識とつながった。ママの顕在意識（考える意識）は、最近ガーディーが赤ちゃん返りのように、ママのところに頻繁にハグを求めて来ることを心配していた。確かに、ぼくのところにも、ときどき思い出したように抱きついてきていた。一方、ガーディーの潜在意識は寂しがっていた。なにに寂しがっていたと思う？

それはね、彼が大人になっていくことにだ。

ガーディーは、もうすぐ８歳だ。そろそろ小さな子どもを卒業する年齢だ。そのことを潜在意識は分かっていて、

寂しがっていた。それが、『頻繁にハグを求めて甘える』っていう彼の行動に出ていた。

潜在意識が大人になるのを寂しがっているのは、悪いことじゃない。まだ潜在意識が子ども時代を名残惜しんでいるということだ。だから名残惜しさが感情として溢れてきたときに、ハグを求めたり、甘えたりしていたんだ。

そんなときは、心配しなくていい。それを理解して、抱きしめ返してあげると、潜在意識も落ち着いて納得して、心置きなく成長していくよ。これは、甘やかすこととは違う。彼の寂しさを、ただ共有することだ。一緒に在ること。

ぼくは、そのことを、ママの顕在意識に伝えたよ。そうするとね、心配や不安でいっぱいになっていたママの顕在意識は、落ち着きを取り戻した。そして、ママはこう言った。「成長する過程での今の赤ちゃん返りだと思うと、息子がより愛おしくなった。」って。

それまでは、心配して、もやもやする気持ちから、感情的になることもあったって。でも、理解した今は、「彼が求めているときに抱きしめてあげるチャンスを大切に

できる。抱きしめ方が変わる。」って。

ママと一緒に、最後の子ども時代を歩んでいく大切な時間だね。

大人から見ると、赤ちゃん返りをして後退しているように見えるかもしれないけれど、実は、“成長のジャンプ”をする直前で、しゃがんでいるようなものだって捉えることができれば、ガーディーのママのように、心配したりイライラしたりすることもないね。ママだけじゃなく、周りの大人も、最後の子ども時代を一緒に慈しむことができたらいいね。

理解してもらえた子どもたちの潜在意識は、「これで思う存分、ママと一緒に子ども時代を満喫したよ！　ママに甘えたよ！」と、なにも思い残すことなく、より高く、成長のジャンプができると思うよ。

曽根史代／龍依～Roy（ロイ）

光次元チャネラー・セラピスト。

心・体・魂を整える「ヒプノスタジオ☆クリスタルハート」代表。アミプロジェクト代表。

有限会社 STUDIO FUMI 代表取締役。日本女子大学卒業。

オーストラリア留学中の体験をきっかけにカウンセリングを学ぶ。

多次元を行き来し、サナトクマラ・サナンダクマラ・猿田彦神・龍神・鳳凰・ホルス神など光次元（高次元）の存在や、リラ・シリウス・アルクトゥルスなどの宇宙からのアクセスを受け、地球や人々への大切な情報を伝え次元上昇へ導く使命を持つ。光次のエネルギーを混じり気なく言葉に変換するため光次元チャネラーと呼ばれ、雑誌の特集取材も多数。

個人セッションでは、光次元の存在からのメッセージや過去世の書き換えも行い、人生好転のサポートを行っている。またヒーリングは、光次元のエネルギーを転写して受け手に送るためエネルギーを純粋なまま扱い、どこまでも微細でクリアといわれる。

松果体覚醒のワークショップやセッションは、ヒーリング力だけでなく、光次元からダウンロードした音楽や香りを駆使し「体感を感じられる」と告知後即完売となるほど好評を博す。光の柱を個人に立てるワークショップでは、魂の覚醒と向上のための瞑想や中庸のための波動調整も行う。光次元からの瞑想ヨガも性格まで変わる！ と評判をよぶ。

著書『超直感力の目覚め　流　光次元リーディング』／共著『ありがとう、アミ。』『シリウスがもう止まらない』（ともにヒカルランド）。雑誌アネモネ（ビオ・マガジン）にて『光次元の仲間たちが語る銀河の今昔物語　龍依さんのステラ☆ノート』連載中。

主な資格：米国催眠療法士協会認定ヒプノセラピスト／上智大学カウンセリング研究所カウンセリング研修基礎修了／米国ヨガアライアンス RYT200認定ヨガインストラクター
ブログ「Roy～宇宙在住」 http://ameblo.jp/roy-10yo（または Roy 宇宙在住で検索）

ウェブサイト「ヒプノスタジオ☆クリスタルハート」http://www.hypnostudio.net/

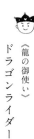

《龍の御使い》
ドラゴンライダー
龍神からの「光次元」メッセージ

第一刷　2016年2月29日
第二刷　2019年2月2日

著者　曽根史代／龍依〜Ｒｏｙ（ロイ）

発行人　石井健資
発行所　株式会社ヒカルランド
〒162-0821　東京都新宿区津久戸町3-11　TH1ビル6F
電話　03-6265-0852　ファックス　03-6265-0853
http://www.hikaruland.co.jp　info@hikaruland.co.jp
振替　00180-8-496587

本文・カバー・製本　中央精版印刷株式会社
DTP　株式会社キャップス
編集担当　溝口立太

ISBN978-4-86471-351-1

◎**こんな方へ**

- □ 魂のステージを上げ次元上昇（アセンション）したい
- □ 潜在能力を開花させ高めたい
- □ 宇宙との繋がりを太くし運を開きたい
- □ 自然治癒力を高め身体の不調を整えたい
- □ 高いレベルでの思考、決断、行動力を可能にしたい
- □ 集中力を高め、物忘れなく脳をしっかり目覚めさせたい
- □ ヒーリング、スピリチュアル能力を活性化したい
- □ 松果体の石灰化や脳ストレスが気になる

◎**これまでのご感想**

- 参加の度に直感が増しているのを感じる。
- おでこ辺りがムズムズし、松果体辺りは熱くなった！
- 疲れていた松果体が癒されていくのを感じた。
- 松果体用の香りで初めて第三の目に光が見えた！
- 音楽が松果体に響いて眉間が開く感覚があった。
- 自分では気づかなかった松果体の様子を教えてもらい、それを意識したら涙がドンドン出てその後軽くなった！
- 世界が美しく見えるようになった！

調香士・セラピスト／Narura〜ナルラ：アロマ空間デザイン、天然アロマオーダーメイド香水、アロマとハーブを融合したボディーケアを行う。松果体覚醒ワークでは、アロマによる空間波動調整を担当する。神楽坂ヒカルランドみらくるで龍依と開催する「松果体個人セッション」での無水ヘッドスパが大好評！

2019年も好評につき開催決定！　全３回

第１回　2019年３月16日（土）　13時〜16時
第２回　2019年５月22日（水）　13時〜16時
第３回　2019年７月６日（土）　13時〜16時
各回定員：25名　各参加費：18,000円
会場＆お申込み：ヒカルランドパーク
＊各回、内容はアレンジされます。複数回受けて頂くことで、より効果は増幅されます。

ヒカルランドパーク
JR 飯田橋駅東口または地下鉄 B１出口（徒歩10分弱）
住所：東京都新宿区津久戸町3－11 飯田橋 TH1ビル 7F
電話：03－5225－2671（平日10時－17時）
メール：info@hikarulandpark.jp　URL：http://hikarulandpark.jp/
Twitter アカウント：@hikarulandpark
ホームページからも予約＆購入できます。

神楽坂♥《ハート》散歩
ヒカルランドパーク

松果体を開き、覚醒に導く
「シリウス光次元情報による松果体覚醒ワーク」

講師：光次元チャネラー 龍依〜Roy

2018年に開催した全３回の松果体覚醒ワークは、おかげさまで毎回満席とキャンセル待ちで大変好評でした。ワーク継続を希望される声もたくさん頂きましたので、2019年の開催が決定しました！
2019年の為に、新たに降ろされた松果体活性プログラムや最新の高次元宇宙存在達からの情報やメッセージが、あなたの松果体覚醒と魂の解放へと導いてまいります。松果体を活性化してDNA を起こすことが人類の次元上昇（アセンション）の鍵！　松果体覚醒ワークはシリウスからの情報をもとに作成され、その繰返しの体感で松果体の活性化→松果体覚醒 DNA 変容→次元上昇（魂の覚醒）をしていくための光次元プログラムです。

シリウス光次元が伝える松果体への多次元アプローチ

1、松果体活性ヒーリングエネルギー×パワーストーン
- 龍依〜Roy さんにより個別に松果体を活性！
- 個別チャネリングによる松果体の調整も！
- シリウス・サナトクマラが伝える石も使用！

2、音×映像
- 特別な場の特別な超音波で松果体活性を促す！
- 松果体が開き易く、活性状態が持続し易い！
- ストレスも光次元レベルで手放し、映像を効果的に使用！

3、メディテーション×神聖幾何学
- 体と呼吸で松果体活性のシリウス瞑想術と神聖幾何学。

4、アロマ×空間波動調整
- シリウスよりチャネリングした松果体活性アロマブレンドが、嗅覚から脳へ働き松果体の活性と調整を行う。また、ストレス源を開放し、空間波動調整として働く。

「龍神ブレンド」は、昔から瞑想に使われキリストにも捧げられた神聖な精油も使用した魅惑的な香りが特徴。強い浄化力があり、太古の地球が持っていた大地の力強さ、強い息吹を感じる香りとなっています。空間浄化・消臭・瞑想前に。また、不要な思考を断ち切りたい、グラウンディング力を高めたい時にもどうぞ。「鳳凰ブレンド」は、お釈迦様が菩提樹の花の香りで悟りを開いたと言われる精油も使用し、明るさと豊かさに満ちた爽やかな香りが特徴。精神に安定をもたらし、恐れから遠ざけていきます。しなやかな強さがほしい時、周りの人に柔らかく接したい時にもオススメです。

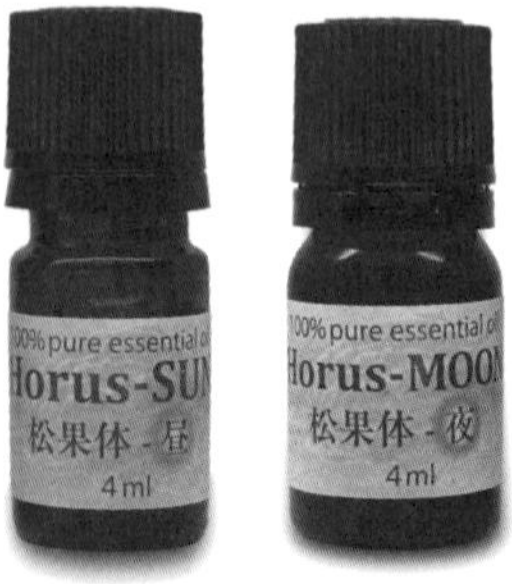

Horus-SUN松果体ー昼 &
Horus-MOON松果体ー夜

■ 2本セット　9,400円（税込）

●内容量：各4㎖　●成分：［昼］精油（オレンジ、ペパーミント、カルダモン、ほか）［夜］精油（ラベンダー、ジュニパー、クラリセージ、ほか）　●使用方法：「昼」は朝の目覚めや日中に、リフレッシュや1日の活力アップとして。「夜」は就寝前や夕刻に、リラックスのほか、ハイヤーセルフとの繋がりや統合、肉体次元の解放の助けとして。試香紙（ムエット）などの紙に数滴たらして香りを楽しむのもオススメです。

※単体での販売はお受けできません。※肌につける、口に入れるなど芳香以外の目的で使用しないでください。　※室内にケージやカゴ内で飼育している小動物がいる場合、ディフューザーを使って強く芳香させることはお控えください。　※香りは原料となる植物の産地や採取時期によって違いが生じる場合があります。

天地神 TenChiJin
アロマルームスプレー

■ 龍神ブレンド　5,800円（税込）

■ 鳳凰ブレンド　5,800円（税込）

●内容量：各60㎖　●成分：［龍神ブレンド］水（精製水）、植物発酵エタノール、精油（乳香、セージ、セイヨウネズ、ほか）［鳳凰ブレンド］水（精製水）、植物発酵エタノール、精油（西洋菩提樹、ヒノキ、ビターオレンジ、ほか）

※肌につける、口に入れるなど芳香以外の目的で使用しないでください。　※香りは原料となる植物の産地や採取時期によって違いが生じる場合があります。

【お問い合わせ先】ヒカルランドパーク

本といっしょに楽しむ ハピハピ♥ Goods&Life ヒカルランド

香りは命! 龍依～Royさん&Naruraさんによる 究極の光次元100%アロマオイルが登場!

Roy さん（左）と Narura さん（右）

光次元チャネラー龍依～Roy さん自ら、光次元からダウンロードすることで選ばれた香り豊かなエッセンシャルオイル。それを天然アロマデザイナーとして活躍中の Narura さんが丁寧に調香し、長い試行錯誤の上完成したのが、松果体を覚醒へと導くアロマオイル「Horus-SUN／MOOM」とスプレータイプの「天地神」です。天然の香りにこだわり、一般的なアロマでは混ぜることのない高価な精油も贅沢にブレンドした、ここだけのオリジナル品です。光次元から選ばれた香りが放つ波動は、嗅覚から脳へとあなたを優しく包みこんでいくことでしょう。

◎ DNA を修復し活性化！　松果体を覚醒させる 2 つの香り

松果体を司る古代エジプトのホルス神が携える太陽（ホルス神の右目）と月（ホルス神の左目）のエネルギー。松果体の覚醒にはどちらのエネルギーも重要となります。そこで、龍依～Roy さんは松果体覚醒へと導くエッセンシャルオイル（精油）を光次元からダウンロード。太陽→「昼」、月→「夜」として 2 つのアロマを用意しました。

「昼」は脳内に光次元の明かりのスイッチを入れ、その波動が松果体を起こし、眠っていた DNA に活力を与えていきます。「夜」は松果体覚醒に必要な深い癒しと鎮静をもたらし、そのリラックス効果の中で不要なものを手放し、DNA の修復と松果体の再生を促していきます。時間によって「昼」「夜」の香りを使い分け、両方の香りに満たされていくことで、体のスイッチ・オンがしっかりとでき、松果体はさらに覚醒していきます。

◎ 龍神や鳳凰と繋がる⁉ 空間用アロマルームスプレー

龍神、鳳凰と繋がることができる香りを、光次元からダウンロードして調香。自分自身や空間をグレードアップできるアロマスプレーが完成しました。実際に調香師の Narura さんのお母さんは、「龍神ブレンド」の香りを嗅いだ後にリアルな龍神が夢に出てきたそうです。

も効果的とは言えません。また、珪素には他の栄養素の吸収を助け、必要とする各組織に運ぶ役割もあります。そこで開発元では、珪素と一緒に配合するものは何がよいか、その配合率はどれくらいがよいかを追求し、珪素の特長を最大限に引き出す配合を実現。また、健康被害が懸念される添加物は一切使用しない、珪素の原料も安全性をクリアしたものを使うなど、消費者のことを考えた開発を志しています。

手軽に使える液体タイプ、必須栄養素をバランスよく摂れる錠剤タイプ、さらに珪素を使ったお肌に優しいクリームまで、用途にあわせて選べます。

◎ドクタードルフィン先生一押しはコレ！　便利な水溶性珪素「レクステラ」

天然の水晶から抽出された濃縮溶液でドクタードルフィン先生も一番のオススメです。水晶を飲むの？　安全なの？　と思われる方もご安心を。「レクステラ」は水に完全に溶解した状態（アモルファス化）の珪素ですから、体内に石が蓄積するようなことはありません。この水溶性の珪素は、釘を入れても錆びず、油に注ぐと混ざるなど、目に見える実験で珪素の特長がよくわかります。そして、何より使い勝手がよく、あらゆる方法で珪素を摂ることができるのが嬉しい！　いろいろ試しながら珪素のチカラをご体感いただけます。

レクステラ（水溶性珪素）
■ 500mℓ　21,600円（税込）

飲みものに
- コーヒー、ジュース、お酒などに10〜20滴添加。アルカリ性に近くなり身体にやさしくなります。お酒に入れれば、翌朝スッキリ！

食べものに
- ラーメン、味噌汁、ご飯ものなどにワンプッシュ。

料理に
- ボールに１リットルあたり20〜30滴入れてつけると洗浄効果が。
- 調理の際に入れれば素材の味が引き立ち美味しく変化。
- お米を研ぐときに、20〜30滴入れて洗ったり、炊飯時にもワンプッシュ。
- ペットの飲み水や、えさにも５〜10滴。（ペットの体重により、調節してください）

●使用目安：１日あたり４〜16mℓ

【お問い合わせ先】ヒカルランドパーク

「ドクターレックス プレミアム」、「レクステラ プレミアムセブン」、どちらも毎日お召し上がりいただくことをおすすめしますが、毎日の併用が難しいという場合は「ドクターレックス プレミアム」を基本としてお使いいただくことで、体の基礎を整えるための栄養素をバランスよく補うことができます。「レクステラ プレミアムセブン」は、どんよりとした日やここぞというときに、スポット的にお使いいただくのがおすすめです。

また、どちらか一方を選ぶ場合、栄養バランスを重視する方は「ドクターレックス プレミアム」、全体的な健康と基礎サポートを目指す方は「レクステラ プレミアムセブン」という使い方がおすすめです。

◎すこやかな皮膚を保つために最適な珪素クリーム

皮膚の形成に欠かせない必須ミネラルの一つである珪素は、すこやかな皮膚を保つために欠かせません。「レクステラ クリーム」は、全身に使える天然ミネラルクリームです。珪素はもちろん、数百キロの原料を精製・濃縮し、最終的にはわずか数キロしか取れない貴重な天然ミネラルを配合しています。合成着色料や香料などは使用せずに、原料から製造まで一貫して日本国内にこだわっています。濃縮されたクリームですので、そのまま塗布しても構いませんが、小豆大のクリームを手のひらに取り、精製水や化粧水と混ぜて乳液状にしてお使いいただくのもおすすめです。お肌のコンディションを選ばずに、老若男女どなたにも安心してお使いいただけます。

レクステラ クリーム
■ 50g　12,344円（税込）

●主な成分：水溶性濃縮珪素、天然ミネラル（約17種類配合）、金（ゴールド・ナノコロイド）、ヒアルロン酸、アルガンオイル、スクワラン、プロポリス、ホホバオイル、ミツロウ、シロキクラゲ多糖体
●使用目安：２～３か月（フェイシャルケア）、約１か月（全身ケア）

◎植物性珪素と17種類の必須栄養素をバランスよく摂取

基準値量をクリアした、消費者庁が定める17種類の必須栄養素を含む、厳選された22の成分を配合したオールインワン・バランス栄養機能食品。体にはバランスのとれた食事が必要です。しかし、あらゆる栄養を同時に摂ろうとすれば、莫大な食費と手間がかかってしまうのも事実。医師監修のもと開発された「ドクターレックス プレミアム」なら、バランスのよい栄養補給ができ、健康の基礎をサポートします。

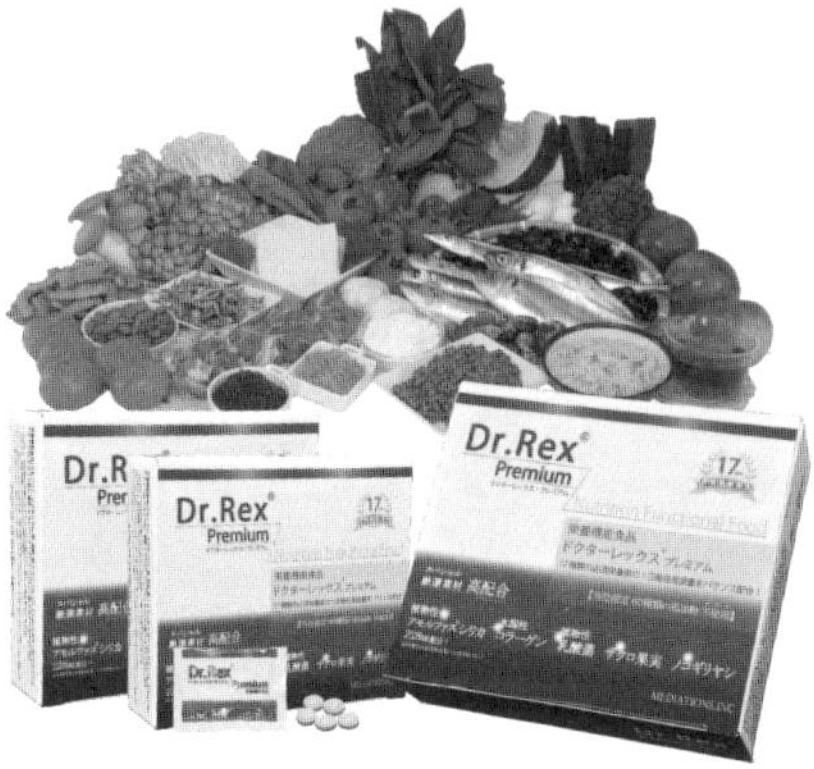

ドクターレックス プレミアム

■5粒×30包　8,640円（税込）

●配合成分：植物性珪素、植物性乳酸菌、フィッシュコラーゲン、ザクロ果実、ノコギリヤシ、カルシウム、マグネシウム、鉄、亜鉛、銅、ビタミンA・C・E・D・B_1・B_2・B_6・B_{12}、パントテン酸、ビオチン、ナイアシン、葉酸

●使用目安：１日あたり２包（栄養機能食品として）

◎珪素をはじめとする厳選した７成分で打ち勝つ力を強力サポート！

人体の臓器・器官を構成する「珪素」を手軽に補える錠剤タイプの「レクステラ プレミアムセブン」。高配合の植物性珪素を主体に、長年の本格研究によって数々の研究成果が発表された姫マツタケ、霊芝、フコイダン、β－グルカン、プロポリス、乳酸菌を贅沢に配合。相乗効果を期待した黄金比率が、あなたの健康を強力にサポートします。

レクステラ プレミアムセブン

■180粒　21,600円（税込）

●配合成分：植物性珪素、姫マツタケ、オキナワモズク由来フコイダン、直井霊芝、ブラジル産プロポリス、乳酸菌KT-11（クリスパタス菌）、β－グルカン（β-1,3/1,6）

●使用目安：１日６粒～

神楽坂ヒカルランド
みらくる
Shopping & Healing

大好評 営業中!!

神楽坂ヒカルランドみらくるは、宇宙の愛と癒しをカタチにしていくヒーリング☆エンターテインメントの殿堂をめざしています！　カラダとココロ、そして毎日をハピハピにする波動ヒーリングの逸品機器が、ここに大集合！　メタトロン、AWG、音響免疫椅子、銀河椅子、ドルフィン、ブルーライト、ブレインオン、ブレイン・パワー・トレーナーなどなど……これほどそろっている場所は、他にはないかもしれません。まさに世界にここだけ、宇宙にここだけの場所。ソマチッドも観察でき、カラダの中の宇宙を体感できます！　新しい波動機器を使用した新メニューも加わって、この度、リニューアル！　ヒーリングエンターテインメントの殿堂で、専門のスタッフがあなたの好奇心に応えます。セラピーをご希望の方は、お気軽にお電話 03-5579-8948、またはメールで info@hikarulandmarket.com まで、ご希望の施術内容、日時、お電話番号をお知らせくださいませ。呼吸する奇跡の杉の空間でお待ちしております。

神楽坂ヒカルランドみらくるにて定期的に開催中!

龍衣～ROY さんによる松果体ヒーリングと、天然アロマデザイナーの Narura さんによる特別ブレンドのアロマオイルを使用したヘッドスパがセットになった特別セッションを定期的に開催しております。

Roy さん（左）と Narura さん（右）

神楽坂
ヒカルランド
みらくる
Shopping
&
Healing

神楽坂ヒカルランド　みらくる　Shopping & Healing
〒162-0805　東京都新宿区矢来町111番地
地下鉄東西線神楽坂駅２番出口より徒歩２分
TEL：03-5579-8948
メール：info@hikarulandmarket.com
営業時間［月・木・金］11：00～最終受付19：30　［土・日・祝］11：00～最終受付17：00（火・水［カミの日］は特別セッションのみ）
※Healingメニューは予約制、事前のお申込みが必要となります。

ヒカルランド　好評既刊！

地上の星☆ヒカルランド　銀河より届く愛と叡智の宅配便

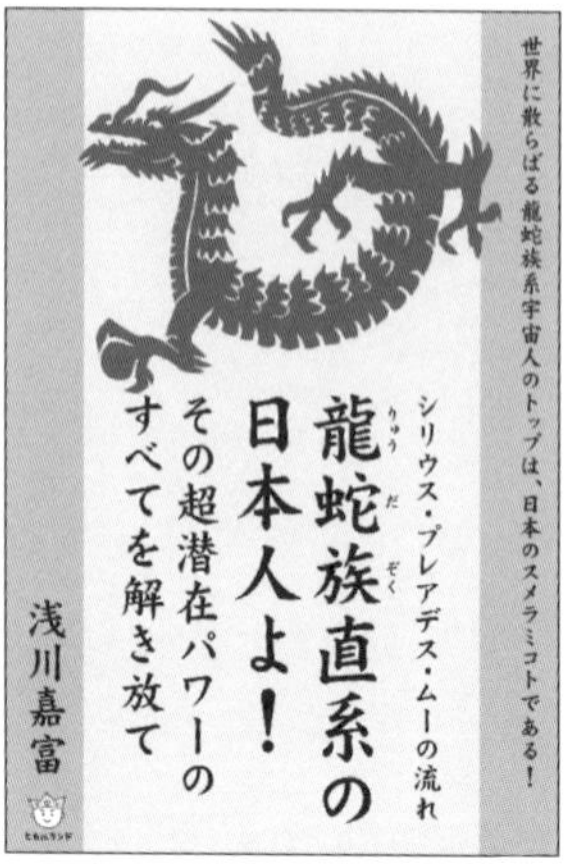

シリウス・プレアデス・ムーの流れ
龍蛇《りゅうだ》族《ぞく》直系の日本人よ！
その超潜在パワーのすべてを解き放て
著者：浅川嘉富
四六ハード　本体 1,800円+税

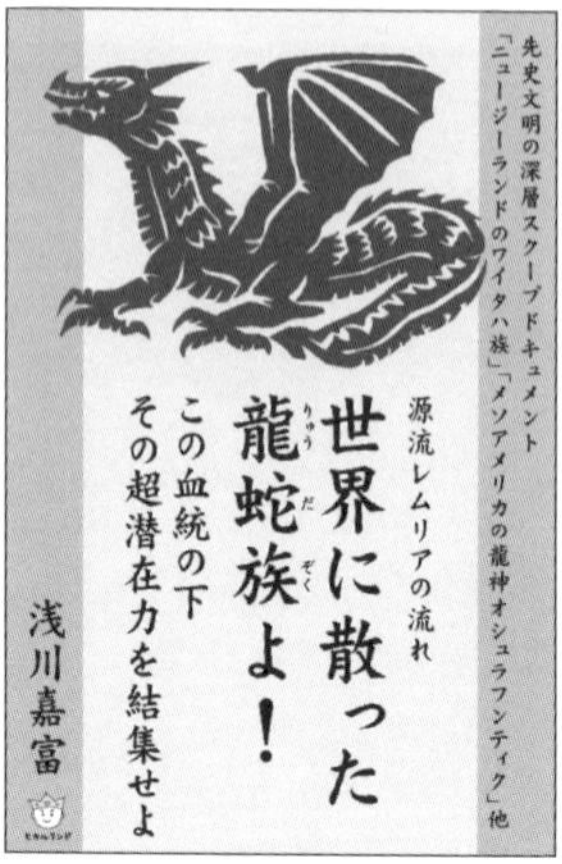

源流レムリアの流れ
世界に散った龍蛇《りゅうだ》族《ぞく》よ！
この血統の下その超潜在力を結集せよ
著者：浅川嘉富
四六ハード　本体 2,200円+税

[新装版] 竜神よ、我に来たれ
この国には、八百万の神々の前に、竜神さまだけがいた！
著者：吉田大洋
四六ソフト　本体 2,000円+税

アミ誕生30周年
次の世界へあなたを運ぶ《小さな宇宙人アミの言葉》
著者：奥平亜美衣
四六ソフト　本体 1,333円+税

ヒカルランド　好評既刊！

地上の星☆ヒカルランド　銀河より届く愛と叡智の宅配便

『アミ 小さな宇宙人』ファンブック
ありがとう、アミ。
みんなで手を取り次の世界へ
著者：奥平亜美衣／曽根史代（Roy）／アミのファンのみなさま
四六ソフト　本体 1,500円+税

『小さな宇宙人アミの言葉』出版記念セミナーで語られた奥平亜美衣さん、アミプロジェクト曽根史代さん、そして日本語版『アミ』シリーズを手掛けた編集者＝ヒカルランド石井社長の貴重なアミエピソードを本書でついに解禁!!　アミの縁が繋いだ仲間が集まれば、そこはまるでひだまり。参加者から飛びだしたのは、心暖まる夢のお話や驚きのUFO目撃談、予想外の宇宙人遭遇話!?　シリーズ発売当時の読者からの貴重なファンレターやその後のインタビュー、みんなのアミストーリーも収録！
アミ誕生から30数年日本語版『アミ 小さな宇宙人』シリーズ刊行から17年。あの頃アミとペドゥリートがみんなの心に蒔いた種は、いまどんな花を咲かせているのでしょう。